税理士YouTuberが "本音" で教える

日本一わかりやすい
ひとり社長の
節税

ヒロ税理士こと
田淵宏明

ぱる出版

この本では、ひとり会社やマイクロ法人の社長さんが、法の範囲で最大限にお金を残すための、節税知識をお伝えします

こんにちは税理士の田淵宏明です

YouTubeで税理士チャンネルを運営しているので、「ヒロ税理士」と言ったほうがピンと来る方も多いかもしれません

ここで、経歴をカンタンに説明します。大学卒業し、税理士の資格取得後、世界4大会計事務所のアーンスト・アンド・ヤング日本法人で、外資系企業の担当していました

大学卒業
↓
税理士
↓
世界4大会計事務所

担当ヨロシク　外資系

ハイ！

大企業の税務サポートは楽しかったものの、日本の経済を支えているのは、世の99％を占める中小企業。そんな「中小企業のサポートをしたい！」という想いが強くなり、独立。中小企業やひとり会社に特化した会計事務所を立ち上げ、15年が経過しました

ガンバロー！　オー！

1％　大企業

99％

中小企業

サポートしたい！

そんな私が税理士をしていて本当に悔しいのは、税金の知識に乏しい「税金弱者」の方が多いこと

税金って難しいから、ついつい勉強をおろそかにしがちです

税金

ひとり社長さんが、最初にぶつかりがちな壁も「税金」

税金

でも、税金の知識がないとソンをすることって多いです

たとえば、あなたが今住んでいる家

ひとり社長なら、持ち家でも賃貸でも、「社宅」として経費に落とせます

ほかにも、打ち合わせの際などの食事代や交通費だって、経費に計上することが可能

個人事業主にも、ひとり社長はオススメです

ワタシ?

「法人化は売上1000万円以上から」なんて話がありますが、それは大嘘

詳細は50ページからに譲りますが、所得300万円以上の個人事業主なら、ゼッタイ法人化を検討するべき

個人事業主に比べても、ほら、法人だとこんなに税金的に有利なんです

詳しくは6章にて

個人事業VS法人／節税策15項目

	個人事業	法人
損失の繰越	○（3年だけ）	○（10年［中小］）
確定債務	○	○
代表者の給与・賞与	×	○（定期同額・事前確定）
代表者の退職金	×	○（不相当に高額でない等）
家族従業員給与	△（専従者給与等）	○（非常勤役員等）
生命保険料	△（所得控除 MAX12万円）	○（節税効果減少）
決算変更	×	○（届出のみで容易に可）
小規模企業共済	△（副業賃貸は×）	○（中小のみ）
出張旅費日当	×	○（妥当な金額等条件有）
社宅家賃	×	○（要件有）
確定拠出年金	○（iDeco＝所得控除）	○（企業型401K）
倒産防止共済	○	○（大企業は不可）
接待交際費	○（事業関連性厳格に問われる）	○（中小年800万円等）
減価償却	○（原則定額・強制償却）	○（原則定率・任意償却）
損益の通算	△（ルール複雑）	○

学べば学ぶほどトクする世界
それが税金

この本では
「日本一わかりやすい」の
タイトルに恥じないよう
「これでもか!」というくらい
かみ砕いて説明しています

コンテンツの多くは、税務に関する
入門編の内容。だから「確定申告
したことない」というレベルの
「税金弱者」の方は必見の内容

ワタシも?

社長

Welcome!

一方で「一番トクする役員報酬額の
シミュレーション」など、やや高度な
内容も扱っています。従業員だいたい
10名以下の経営者であれば十分役立つ
自信があるので、ぜひ読んでみてください

本書ガイダンス
― 全8章 ―

ひとり社長の節税（基本編①）

知らないと大損コク
法人設立と消費税の深〜い関係

ひとり社長の節税（基本編②）

「税金弱者」のための
ゼロから教える節税講座

ひとり社長の節税（実践編①）

本当は教えたくない
税理士が「現場」で使う厳選手法11

ひとり社長の節税（実践編②）

事業拡大時と
社長退職金の税金のツボ

おわりに
....

◎装丁　　　　　　　　　　安賀裕子
◎本編イラスト　　　　　　キタ大介
◎ YouTube イラスト　　　小倉みか
◎校正　本創ひとみ、宇治川裕

もっともハードルの低い
法人化＝
「ひとり会社」のススメ

はじめまして。
独立志向の会社員「セツ子」と言います。
申告すら、したことありません。
「税金弱者」代表として、
話が難しくなってきたら、
ばしばしツッコミを入れていきます！

「人生を消耗しない」ための
起業・独立のポイント

「いつまでも会社や上司に使われるままでは、イヤや！」
「もっと稼ぎたいし、会社を立上げて達成したい夢があるねん！」

　起業や独立をして自分で会社を経営しようとする動機は人によって様々。しかしその動機が軽いものであればあるほど、失敗する確率は高くなる。2006年にスタートした新会社法によって会社設立の要件は緩くなり、起業して社長になるという形式面だけを考えるとハードルは大きく下がった。

 いいことよね。起業が身近になったんだから

　そう、いいことなのだが、問題もある。それは、廃業率が高いということ。設立後10年生き残る事業所は1割にすら満たないと言われている程である。

 えーっ！　10件中9件が潰れちゃうの！

　また、ハードルが下がった分、安易な起業が増えたということ。
　私が数年前、ある公共機関にて所属専門家として起業相談を承っていた時のこと。ある相談者から「これから起業したいのですが、どんなビジネスで起業すれば儲かりますか？」と聞かれたことがあった。
　これには驚いた。そもそも市場リサーチ力もなければ起業に対する明確な動機すらない。それすらわからないのであれば、起業せずにサラリーマンでいておいた方が絶対にイイ！
　漠然と起業を考えている方のためにどんな分野で起業すべきか？
　1つの考え方をお伝えしようと思う。それは、

---

①自分が好きで、かつ得意なこと
②世の中に求められていること

この2つの条件を満たすビジネスや商売の中から、どの分野で起業するのかを決めることだ。（**図1-1**）

　今後あなたが「ひとり社長」としてやっていく以上、一日の大部分の時間を仕事に費やすこととなる。

 私は起業はしたいけど、仕事人間になる気はないわよ

　仮に少ない時間での労働を考えていたとしても、「社長」になったら仕事のことばかり考えるようになる。

　だからこそ、①のように「自分の好きなことや、得意なこと」を活用して起業することをオススメしたい。自分が嫌いなことや、不得意なことで起業するのは、「人生を消耗する」ことになるので、あまりオススメしない。

　そして②についてだが、この変化の激しい時代において、もう見込みの

1-1　どの分野で起業すべきか？

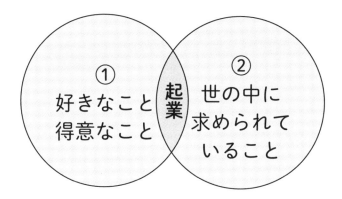

ない「斜陽産業」で起業するのは、非常にリスクが大きい。そもそも社会から求められていないのなら、ビジネスとして成り立ちにくいのだ。

だからこそ、時代の流れを読んで「今後世の中から必要とされるビジネス」に取り組むべきだ。

 流れかー。やっぱりビジョンとか必要になるの？

はじめはビジョンなんてたいそうなものを持つ必要もない。「画期的な開発なんて、自分にはとうていできない」と思っていても、全然問題ない。「自分など凡人だ」なんて思っていても起業したいのであれば、するべきだ。「創業計画」を定めた上で、とりあえず独立してみればいい。

 理念やビジョンは、後から形成されるものなんや！

 わ！　ビックリした。急に関西弁？

 興奮すると出るんだ。了承してや！

万全な計画を立てても、必ずうまくいかないことが出る。
「どの分野で起業すれば儲かりますか？」なんて、他人に聞くような安易な起業はNG。

しかし、創業計画を整えたら、起業時に必要なのは、むしろ「情熱」や「根拠のない自信」。「自分ならできるはず！　やれるはず！」という気持ちのことだ。

起業初期のスタートアップ期は、非常に労力のかかる大変なステージ。だからこそ、「凡人なりに頑張れば、道は開けるはず」というポジティブな気持ちは必須だ。これらが大きな力となり、起業の推進力となる。

 「創業計画＋情熱」が起業には必要ってことね

社員は自分だけ
ひとり会社の「ビジネス形態」

では起業・独立するにあたってどんな形態でビジネスを営むのか？
これについては下記のように、大きく分けて2つのパターンがある。

---

①個人事業主としてスタートする
②法人（＝会社のこと）を設立してスタートする：
　株式会社・合同会社・一般社団法人・合名会社他

本書ではいわゆる「ひとり会社」、つまり従業員なしのひとり社長の場合（別名マイクロ法人）の、ビジネス形態に重点を置いて解説していく。
　①の個人事業主ではなく、②のように会社設立をして事業化するケースだ。

えっ！　社員が自分ひとりで会社なんて作れるの？

　作れる。自分一人でも立派に会社を設立して、代表取締役社長となることができるのだ。
　本書では、その法人形態の中で、「株式会社」と「合同会社」を中心に説明を進める。

株式会社はよく聞くけど、合同会社って何？

　あとでたっぷり解説するから、あわてなさんな。

会社作るのとかって、めんどくない？　個人事業主でいいんじゃない？

　だから、あわてなさんなって（笑）。私が、ひとり会社をおススメする理由は、「ビジネス上の様々なメリット」が存在するからなのだ。

ひとり会社をオススメする
２大メリット

 メリット？　聞き捨てならないわね。何よ？

 いろいろあるけど、一番は節税メリットだ

　会社経営となると、個人事業のような簡易な所得税の確定申告とは違い、「法人税の確定申告書」という複雑な申告書の作成が必要になる。

 ほらほら。やっぱめんどくさそう

　その反面、その手間等を大きく上回る効果的な節税策を活用することが可能だ。

　特に、所得税では稼げば稼ぐほど税率が高くなるという「超過累進税率」が適用される。対して、**法人税では税率がほぼ一定**（厳密には中小企業では二段階の税率構造）である。

　この構造を利用して、会社から自分自身や家族等に、「役員報酬」と言う形で「給与」を支払うことにより、法人で稼いだ利益を分散して、大きな節税効果を生み出すことが可能になるのだ。

 たとえば、500万円の所得なら夫250万：私250万みたいにできるの？

　そういうこと。500万円の所得にかかる税率と、250万にかかる税率は大きく違う。そうなれば、納める税金も変わってくるでしょ。

 う〜ん。ちょっと「ひとり社長」やりたくなってきたかも

　さらに、個人事業主と比較すると、法人の方が信用力が高い。

　会社によっては、個人事業主と取引しない会社もあるのだ。

あ、うちの会社にも、「個人事業主と取引できない」部署があったわね

　これらについては次章にて詳述するが、①節税、②信用力、この２つの理由から、非常に小規模なビジネスをする場合であっても、私はひとり会社をオススメする。

「副業バレ」が怖い人も
ひとり会社はオススメ

　労働基準法等の雇用に関する法制強化により、残業時間規制や有休休暇の消化推奨、そして副業容認の動きが盛んな世の中となった。ワークスタイルも、昔のような猛烈な働き方は少なくなってきている。

　税理士の主要顧客は一般的に中小企業だが、まれに会社勤めのサラリーマンからのご相談もある。

　その多くは、相続税対策や申告等の資産税業務だが、最近では副業に関する申告相談も増えてきている。

　特に勤務先で副業解禁がされていないケースでは、「いかに勤務先にバレずに副業ができるか」が重要課題となっているようだ。

　ここ最近ではプログラミングやブロガー、私のようにYouTuberになる等副業の種類も多岐にわたっている。

 私も独立する前に、副業するつもり

　実は副業ビジネスに取組む場合も、個人事業主より「ひとり会社」の方が有利に作用するケースが多い。

副業の申告のこととか、教えてくれない？ 自分で調べるのめんどくて

しょうがないな。本書のテーマからそれるので概要だけね

①副業時の税金の申告 （所得税の確定申告）

　サラリーマンの副業の場合、その副業による所得（≒儲けのこと）が20万円を超えると、所得税の確定申告義務がある。（その他にも一定要件に該当すれば、確定申告義務あり）

　勤務先からの給与総額をベースに計算される「給与所得」と「副業による所得」（「事業所得」または「雑所得」となることが多い）とを合算して、確定申告することが必要になる。

②"副業バレ"のキーは住民税の納付方法

　就業規則において、「副業が禁止されている会社」では、副業がバレると、「就業規則違反」として罰せられる場合もある。

　勤務先に対するルール違反行為を手助けするつもりはないが、副業がどのようにしてバレる可能性があるのか？ その仕組について解説する。

　個人が納めるべき税金は、メインの国税である「所得税」以外に、「住民税」や「事業税」等がある。

この住民税の「納付方法」をどう選択するか？

　これがキーポイントだ。確定申告の際に提出する「所得税確定申告書の第二表」という紙に「住民税・事業税に関する事項」という記入箇所がある。

　その中に「給与・公的年金等に係る所得以外の所得に係る住民税の徴収方法の選択」という箇所がある。

ここで「自分で納付」の欄に〇を付けると、副業に関する住民税は「普通徴収」と言う納税方法が選択される仕組になっている。（図1-2）

 ちょい待ち！　「普通徴収」って何？

　住民税の納税方法には「普通徴収」と「特別徴収」の2種類がある。

普通徴収：副業の所得に対応する住民税の納税通知書が自宅に郵送され、
　　　　　　その通知書を元に自分で納付をする方法のこと
特別徴収：本業の「給与所得」と「副業所得」が合算された住民税が計算
　　　　　　され、その納税通知書が会社に送付されるのもの

 ははー、特別徴収はラクだけど、住民税情報が会社にいっちゃうのね

　そのとおり。
　そこで経理の人なんかに、『あ、こいつ「給与所得以外の所得」が発生

┏━━━━━━━━━━━━━━━━━━━━━━━━━━━━━━━━━━┓
　1-2 副業を隠したい場合は、「普通徴収」を選択する
┗━━━━━━━━━━━━━━━━━━━━━━━━━━━━━━━━━━┛

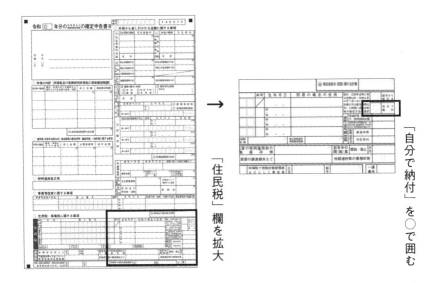

してる』とバレる。

「副業禁止なのに、ふてえ野郎だ。ご用ご用」と、ざっとこういう流れだ。

　副業を隠しておきたい人は、「特別徴収」を選択しないよう、気を付けていただきたい。

③普通徴収でも、会社に副業バレするケースとは？

 じゃあ、「普通徴収」を選択すれば、副業はバレないのね

　実は、<u>普通徴収を選択したからと言って、会社に副業が100％バレないわけではない</u>。

　たとえば、副業の事業所得で赤字が発生している場合、「損益通算」と言って、本業である給与所得と相殺して、所得税や住民税を節税することができる。この損益通算を行った形跡があると、住民税の通知書に残るため、勤務先に副業が判明することもある。

 じゃあ、損益通算をしなければいいじゃないの？

　それでもバレることはある。

　たとえば、普通徴収を選択していたつもりが、「勝手に自治体が特別徴収扱いにしていた」なんてこともマレにある。

 え、それって自治体のミスってことでしょ！　そんな～

④「ひとり会社」なら、副業バレはほぼ100％ない

　だから、ひとり会社なんだ。

　副業収入を個人所得とするのではなく、合同会社や株式会社等を設立して、その法人の売上とする。

　そうすれば、経理的に会社にバレることは100％ない。

その意味では、たとえ年間数万円の副業でも法人は有益だ

　もちろん副業にバリバリ取組み、収益拡大を狙う場合、なおさら「ひとり会社」を活用するメリットは大きくなる。

100%バレないってほんと？

　注意点はある。

　自分自身がその法人から役員報酬を受取ると、勤務先と2か所から給与を受取ることとなり、所得税の確定申告義務が生ずる。そうなると、「普通徴収選択」と同様、バレるリスクが発生する。

　では、どうするか？　役員報酬を一切取らなければいいのだ。

　もちろんその場合、法人に利益が出やすくなるので、法人税負担を軽くするため、「役員報酬以外の節税策を活用する」、あるいは「家族を役員に就任させて、自分以外の人間が役員報酬を取る」等の対策が必要だ。

　もちろん「名ばかり役員」では、経費そのものを否認されることもあるので、経営関与の実態を備えることが必要だ。

　少し手間はかかるものの、「会社に副業がバレにくい点」「副業で多額の利益が出た際、節税対策がしやすい点」、以上2つのポイントが大きなアドバンテージになることは間違いない。

…えと、役員報酬のくだりから、全然ついていけなかったわ！

大丈夫！　本書を最後まで読んだら、必ずわかるようになるから

ほんと？　ほんと〜に私、「税金弱者」なんだからね

約束する。「日本一わかりやすく」教えてみせるから！

― 第1章まとめ ―

I. 起業するならせっかくやし「自分の好きで得意なこと」で「世の中から求められていること」を、自分の仕事にしなはれ！

II. 起業するなら、個人事業主よりも法人がオススメ。ひとり会社を立上げて、ひとり社長になろう！

III. 法人は節税がしやすい。プラス、個人事業主と比べて高い信用力があり、ビジネスでのメリットがめっちゃある！

IV. 副業対策としても「ひとり会社」は使える。

なぜ「所得300万円」から法人化をガチ検討すべきなのか?

個人事業VS法人
経営面8項目を比較した結果

「起業するなら個人事業か法人か、どっちがいいの？」

　税理士業界に入ってから起業相談の際に、非常によく聞かれる質問がこれだ。これについては、周りの声に左右されずに、理論武装して、かつ専門家のアドバイスを得た上で、慎重に検討して欲しい。

　周りの人々は、好き勝手にこういった質問に回答したがるもの。しかも無責任に自分の感覚で、「法人がいい」とか、「個人事業がいい」とかをアドバイスするのでタチが悪い。

　この質問に限らず覚えておいていただきたいのは、税務や経営の答えは、「前提条件」次第で大きく変わる、ということだ。何事もウノみにしてしまうのは良くない。

　後で、大きな損失を被ってしまうことすらある。

　1章では「ひとり会社がオススメ！」ということで、個人事業主よりも法人の方が、節税メリットや信用力の面で高いと説明した。

　それは、果たして本当なのか？

　具体的にどのような違いがあるのか？

　もちろん一般的に法人が有利になることが多いのだが、これもあなたの事業の状況次第。個人事業の方が有利に運ぶこともある。何事もケースバイケースなのだ。

　本章では「個人事業VS法人」というテーマで解説をする。

　あなたが選ぶべきは、個人事業か法人か？

　その判断基準について、学んでいただきたい。

　考えるべきポイントは、「経営面＝事業の運用面」と「税制面」にある。

　図2-1を参照に、まずは経営面から考察してみよう。

2-1 個人事業と法人の比較

	項目	個人事業	法人
経営面	①信用力	小	大
	②融資審査	白色申告は弱い。 （青色申告でも簡易帳簿の場合は やや弱い）	強い
	③運営コスト	小	大
	④経理	簡易	複雑
	⑤決算日	暦年計算・年末が決算日 （12月31日）　変更不可	任意。かつ変更可能
	⑥人材採用	不利	やや有利
	⑦社会保険	一定の場合を除き任意加入	強制加入
	⑧事業承継	個々の財産の移転 （名義変更必須）	株の移転だけで済む
税制面	税金	所得税等	法人税等
	税率	15～60％（超過累進税率）	25～35％（ほぼ一定）
	節税対策	しにくい	しやすい

①信用力（ヒロ商店より、㈱ヒロ商店のほうが信用できる）

　本当は、「個人事業主だから信用がない」というわけでもなく、「法人だから信用がある」というわけでもない。個人事業主でも財務体質が盤石で、信用のある人はたくさんいる。

　一方で法人でも、赤字かつ財務体質ボロボロで、信用力がない会社もたくさんある。ようはその内容・中身が大事なのだ。

　ところが実際は、見た目だけで信用力の判断をされることもある。

　たとえば、「ヒロ商店・代表 節税太郎」よりも、「㈱ヒロ商店・代表取締役 節税太郎」の方が、信用力がある気がしないだろうか？

 わかる。@gmail.comとかより、@co.jpのほうがやっぱ信用できる

「株式会社」という冠が屋号に付いているだけで、何となく「規模の大きな、安定した事業所」をイメージしてしまうものだ。

建設業や製造業等では特に、法人組織でないと与信調査で取引を断られるケースがある。

　実質はどうであれ、形式面も大事だということだ。

　後述するが、法人設立をすると本店所在地はもちろんのこと、代表者の住所すら法務局でわかる。法人の登記簿謄本（登記事項証明書）を取ればイッパツなのだ。

 え！　代表の個人情報がダダ漏れじゃん！

　これは法人設立の大きなデメリットの1つ。住所をさらされるのがイヤで、法人化を諦める人もいるくらいだ。

　個人事業とは違い、法人は「社会の公器」。言い換えれば、たとえひとり会社であったとしても、法人化するなら、それなりの覚悟が求められるということ。その代償として、「信用の証」を得るのだ。

　結論としては、BtoB（企業対企業）ビジネスを始めようとする方は、個人事業で取引上の問題がないかどうか、慎重に検討してからスタートしていただきたい。

②**融資審査**（大事なのは経営状態だけれども…）

　運転資金や設備投資資金等が必要なビジネスをスタートする場合、信用金庫や銀行で融資を受けることが非常に重要となる。特に建設業や製造業、卸売業といった運転資金が必要なビジネスは、「融資を受けられるかどうか？」が生命線となる。これは、節税よりはるかに大事なことだ。

　創業時の融資審査では、経営者としての事業実績が何もない。

　では何を基準に、融資審査が行われるのか？

　それは「過去における同業種での実務経験」「個人貯蓄額」「未来の経営計画」といったものだ。

　これらが、融資審査における重要な判断材料となる。

　個人事業主だからと言って、その時点で融資審査が完全に不利になるわ

けではない。

　たとえば、巨額な担保物件となりうる自己所有不動産があれば、融資審査が不利に進むはずがない。逆に法人だからと言って、即「融資審査有利」とはならない。事業の内容等の本質が重要なのだ。

　しかし、一点だけ気を付けていただきたいことがある。

　それは**個人事業主で、簡易版の青色申告を選択している場合**だ。

　青色申告という制度は、個人事業主にも法人にもある。帳簿を付けた上で、申告書の作成・提出をすることにより、様々な税制上の節税メリットを得られるというものだ。

 青色申告していると、控除とかウケられるのよね

　個人事業の場合、この青色申告には2種類がある。

　法人同様に全ての決算書まで作り込む「正規の簿記の原則」に基づくものが原則となっているが、簡易的に済ますことも可能だ。

　この簡易版の青色申告をする場合、作成する決算書は損益計算書だけでよく、貸借対照表は不要となるのだ。

　しかし貸借対照表がない状態で融資審査を受けるとなると、その事業主の財務状態が非常にわかりにくくなる。

　情報が不足すると、融資審査は不利になる傾向があるので注意が必要だ。

③運営コスト（個人事業の勝ち）

　事業の運営コストは、イニシャルコストもランニングコストも圧倒的に個人事業の方が低い。

　ちなみに、イニシャルコストとは「初期投資費用」を意味する。

　一方ランニングコストとは、「毎年発生する事業維持のための費用」を意味する。特に専門用語というものでもないレベル。起業する人は、今後これらを区別して把握しておく必要がある。

具体的には、どこにお金がかかるの？

　コストに大きな差をつける原因となるのは、事業開始の際の会社設立費用や毎年の税金・社会保険料、そして税理士報酬である。(**図2-2**) それぞれについて解説しよう。

A会社設立費用（イニシャルコスト）

　会社設立をする場合、様々な費用がかかる。

　法人登記の際に国に納付する「登録免許税」等だけでも、合同会社の場合は最低6万円以上、株式会社の場合は最低15万円以上かかる。

　さらに「定款」という会社のルールブック的なものを作成する。合同会社ではなく株式会社の場合、公証人役場という所で認証してもらうための費用が別途5万円かかる。登記の専門家である司法書士にこれらの会社設

2-2 個人事業VS法人 運営コストの比較

		個人事業	法人
イニシャルコスト	A設立費用	ほぼゼロ	6〜15万円以上
ランニングコスト	B税金 （住民税均等割）	年5千円以上	年7〜8万円以上
	C社会保険料	一定の場合を除き任意加入	強制加入
	D税理士報酬	低め	高め

立登記手続きを依頼すれば、さらに司法書士報酬が必要だ。

 ふ〜ん、設立費用だけ聞いたら、合同会社のほうがよさそうね

 ちなみに、合同会社と株式会社の比較は次章でする

　一方、個人事業主としてスタートするのであれば、特定業種の「許認可費用」等を除き、基本は何もかからない。

　この点は、圧倒的に個人事業有利だ。

B 均等割という税金（ランニングコスト）

　起業して事業を運営すると、様々な税金がかかる。

　主要な税金としては、「事業で得られた利益」、つまり「儲け」に対してかかる所得税や法人税がある。

　個人事業主には所得税が課税され、法人には法人税が課税される。いずれも国税であり国家の歳入、つまり国の収入となる税金である。

　さらにこれだけではなく、個人事業主の儲けには「住民税」や「事業税」等がかかり、法人も同様に「法人住民税」や「法人事業税」がかかる。これらは地方税であり、都道府県や市区町村等の「地方自治体」に収める税金である。

　これらはいずれも、<u>その事業で得られた「儲け」があれば、課税されるもの。事業が赤字の場合、税金はかからない</u>。

 ほほ〜、それ聞くと、あの手この手で事業を赤字にしたくなるわね

 それは、あとで触れるけど問題ありだよ…

　まあいい。とりあえず先に進もう。

　といっても、赤字なら税金がまったくかからないわけではない。<u>赤字であってもかかる税金は、数種類ある</u>。

　<u>代表的なものは「消費税」と「住民税の均等割」</u>。消費税はその事業の

業績や業種によって金額は変動する。個人事業か法人かで、有利不利は基本的にない。法人運営の際に大きな負担となるのが、後者の住民税の均等割なのだ。

 住民税の話に行く前にちょい待ち！　消費税は一律10％でしょ！

 それは、一般消費者の税率でね…まあ4章で詳しく解説するよ

住民税は、「儲けに対してかかる部分」と「各事業所均一にかかる均等割」というものから構成される。これは、個人事業も法人も同様だ。

 均等割って何よ？

簡単に言うと、事業所所在地の都道府県・市区町村に支払うべき「場所代」のようなもの。

法人の場合、この金額は、資本金等の額や従業員数によって決まる。自治体により多少の差はあるが、最低でも年間7～8万円はかかる。（月数按分あり）

一方、個人の住民税は年間でわずか5千円程度。

会社経営が思ったほど軌道に乗らず、赤字決算で苦しい状態が続いたとしても、毎年7～8万円の税金コストを負担し続けなければならない。

そういった意味でも、法人化には覚悟が必要だ。

C 社会保険料（ランニングコスト）

税金とは異なるが性質が近いものとして、事業所が負担すべき「社会保険料」がある。

詳しくは後述するが、これも法人の方が負担が大きくなりやすい。

D 税理士報酬（ランニングコスト）

顧問税理士に支払う税理士報酬も、立派な経費だ。一概には言えないが、個人事業よりも法人の方が、税理士報酬が多額になることが多い。

なお、平成14年に税理士会が定める「税理士報酬規定」が撤廃されて以降、税理士報酬は完全自由化されており、料金体系は各税理士事務所によって大きく異なる。

 へ〜、税理士って報酬額を自分で決められるんだ〜

　税理士への依頼形態は、大きく2つある。

　ひとつは、領収書や請求書を丸投げして会計データ入力まで依頼する「記帳代行形態」。もうひとつは、会計データ入力は自分で行い、顧問税理士は監査、つまりその会計データのチェックや税務相談等を中心に行う「自計化形態」だ。

 当然、「丸投げ＝記帳代行形態」のほうが高いのよね

　その通り。また、月次決算を組んで毎月の試算表をもとに行う「打合せの頻度」や、その事業の「年商規模」等も、税理士報酬の算定要因となる。

　さらに毎月の税理士顧問報酬以外に、年に一度の決算・申告の際は「決算書」「申告書」作成のための報酬として、「決算料」が発生する。

　この決算書や税金申告書は「個人事業」か「法人」か、つまり「所得税の確定申告書」か「法人税の確定申告書」かによって、その枚数や複雑さが大きく異なる。「所得税の確定申告書」は素人でも作成できるかもしれないが、法人税の確定申告書は素人が作成するにはハードル高めだろう。

　てか、めっちゃ高い！

　というわけで、個人事業よりも法人の方が税理士報酬は高くなる傾向にある。

 「高くなる」って具体的にはいくらなのさ？

　法人の税務顧問の料金相場は、毎月の顧問報酬が3万円前後、決算料が15〜20万円くらいだ。

　もちろん、これより高くなることも安くなることもある。

一方、個人事業の場合はこれより安くなることが多い。なお、税務顧問契約を外して、「決算書」や「申告書」の作成のみを依頼できる、通称「年イチサポート」も事務所によっては応じている。

しかし低価格のみを追求しようとすると「安かろう悪かろう」の税理士に当たってしまい、無駄な税金を支払うことも。

顧問税理士選びは、慎重に進めていただきたい。

④経理 (これも個人事業の勝ち)

個人事業主も法人も、基本的に年に一度は「決算書」と「確定申告書」を提出し、納税する義務がある。そのために、毎日の経済取引を帳簿に仕訳して、記録する「記帳作業」が必要になる。

日々の仕訳作業の集大成が毎月の「残高試算表」であり、それが一年分累積すると決算書（損益計算書・貸借対照表）ができ上がる。（**図2-3**）

2-3 経理業務の流れ

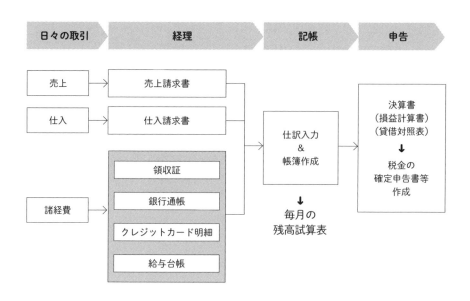

32

税制面の複雑さから、やはり日々の経理業務も、個人事業より法人の方が面倒になるのだ。

 たとえば、どの辺が？

法人独特の会計勘定科目として、「役員報酬」がある。その金額設定も厳密な税法ルールがあるため、慎重に行わなければならない。

また、代表取締役社長である自分と会社間の金銭貸し借りについても、「貸付金・借入金」として区分経理の上、「債権債務管理」を行う必要性がある。

さらに法人の場合、「勘定科目内訳明細書」を毎年の確定申告の際、申告書に添付する必要がある。

これは、決算書上の「特定勘定科目」の内訳明細のことだ。個人事業にはない書類だが、この作業だけでも結構な労力を要する。

一方、個人事業の場合、役員報酬はない。事業主個人と事業所との貸し借りも、「簡便的な仕訳処理」で済ませられる。

また先述の通り、「青色申告」については、個人事業の場合、「簡易版の青色申告」が存在する。

以上のように個人事業主の方が、求められる知識レベルにおいても、作業ボリュームにおいても、経理業務に対する負担は軽いと言えるだろう。

⑤**決算日**（法人の勝ち。かなり融通がきく）

 「決算」「決算」っていうけど、そもそも決算ってなんなの？

決算とは、専門的にいうと「会計帳簿の締め日」だ。年に一度はこの「締め」というものをして、事業の損益を集計して「利益」を算出し、資産や債務の「残高」を確定しなければならない。

仮にこれらの「決算作業」がなければ、永遠に事業成績を確定させられ

ないことになるからだ。

この「決算日」だが、個人事業の方が融通がきかない仕組になっている。

 お、ようやく法人有利な点が出てきたわね

 確かに今までは「個人事業主有利」の情報ばかりだったね

個人の所得税確定申告は暦年、つまり「毎年1月1日から12月31日まで」の間の収入や経費を集計して所得（≒利益つまり事業の儲けのこと）を計算。原則、「その翌年の2月16日から3月15日まで」の間に行う。

毎年の締め日は、年末である12月31日。

どんな個人事業主も12月決算ということで固定されており、これを変更するのは不可能だ。

一方、法人はこの決算日を自由に選択することが可能だ。特に月末である必要もない。たとえば12月16日等でもいい。しかしそれでは請求書の締めや集計作業が大変なので、月末を決算日とすることが多い。

なお、法人税の確定申告・納付期限は、原則、「その決算日の翌日から2か月以内」と規定されている。

 でも、会社って「3月決算」ってイメージ。桃鉄もそうだし…

 桃鉄？

 あ、ごめんごめん。ゲームの話。続けて。

日本の会社は、いまだに3月決算を選択する法人が多い。これはいわゆる「総会屋対策」の名残り。

総会屋とは、「少数の株式を所有した上で、株主としての権利行使を濫用する組織」だ。たとえば、株主として株主総会に出て、わざと進行の邪魔をしたりする輩を指す。それで、邪魔をしない代わりに金銭の要求をし

たりするのだ。

 ヤクザまがいのことをするのね

　そう。でも大手会社がそろって「3月末」にすれば、総会屋達が株主総会に参加できにくくなるでしょ。

　警察の対策等で、この総会屋の数はごそっと減ったから、今はムリに3月末である必要もないのだが、習慣的にそうしているわけだ。

⑥人材採用（信用力の高さで、法人の勝ち）

　人材採用。私が税務顧問をしている会社社長に会うと、この話になることが多い。人手不足により、採用や人材教育に困っている会社は圧倒的に多いのだ。

　この人材採用については、①で説明した「信用力」と同様、法人有利。

　繰り返しになるが、たとえば「ヒロ商店」よりも、「㈱ヒロ商店」の方が「しっかりした事業所」であるような響きがする。

　人は、「株式会社」という言葉の響きだけで、何となく「規模の大きな、安定した事業」をイメージするからだ。当然、個人事業主より法人の方が、採用的には有利になりがちだ。

⑦社会保険（法人化最大のデメリットはコレ）

　社会保険とは、狭義的には「健康保険」と「厚生年金保険」を意味する。そして広義的には、「労働保険」を含むものだ。

　「健康保険」とは、国が運営する医療保険であり、我々が医師の治療を受ける際に利用する保険のこと。

　「厚生年金保険」とは、同じく国が運営する公的年金制度であり、老後に受取る年金原資として積み立てるべきものだ。

　「労働保険」は、「労災保険」と「雇用保険」から構成される。労災保険とは、

正しくは「労働者災害補償保険」と言う。労働者の業務災害や通勤災害を補償する公的保険のことだ。

「雇用保険」とは、「失業者の再就職援助」等を行い、雇用の安定を目指す公的保険のことである。

　法人の場合、従業員の雇用をしようがしまいが、この社会保険が強制加入となる。ひとり会社でも、社長が役員報酬を取っているのであれば、社会保険（狭義）の加入義務がある。

　実はこの社会保険料（狭義）は、額面給与に対して約30％と非常に負担が大きい。法人の場合、その約30％を会社と従業員で折半して負担する。

 手取りって、なんか色々取られてて、少ないもんね

　その「犯人」というか、原因が社会保険の強制加入というわけだ。これは法人設立を考える際の、最大のデメリットである。

　昔は会社設立をして数年間社会保険に加入しなくとも、そのまま放置されることが多かった。

　しかしここ数年は、未加入だと年金事務所から厳しい加入催促を受けることになる。給与額面の約30％と大きな負担であるのに加え、税金のように節税できないのが難点だ。

　一方、個人事業ではこの社会保険加入は、原則任意。

　常時雇用する従業員が5人未満であれば、強制されていない。

　以上のように、社会保険の強制加入は法人化の最大のデメリット。

　役員報酬金額設定の際は、その負担額も考慮に入れておくべきだ。

⑧事業承継 （法人の勝ち。株式を移せばOK）

　個人事業主の場合、自分の引退や死亡により、子どもに事業を引き継いでもらうことは多い。このような、事業を引き継いでもらうためのバトンタッチ的行為を「事業承継」と言う。この手続きが、結構大変なのだ。

遺言書があればそれに従って遺産の分割をし、なければ「法定相続人」という、相続権利を持った家族等と遺産分割の協議を行い、「事業用財産」等の承継が行われる。

　この財産承継も、手間がかかる。各財産の名義変更手続きを、個別に行わなければならないのだ。店舗や工場の賃貸借契約や、所有不動産の名義変更、金融機関からの借入金等、全てを名義変更しなければならない。

　一方法人の場合、事業承継をスムーズに進めやすい。

自社株、つまり自分が経営する会社の株式を後継者に移せば、法的にはOK。

　注意点はある。株式移転については、相続や贈与、または売却という形をとって移す以外に方法はない。そのため、株式の評価額が高ければ高いほど、相続税や贈与税、所得税等の多額の負担が発生する。

　そういったデメリットはあるものの、それでも手続きのシンプルさを考えると、事業承継は明らかに法人有利なのだ。

個人事業主のMAX税率は「血の涙」が出るレベル

　次に、税金面の比較をしてみよう。

　税制というものは非常に複雑・難解であり、一般の人が理解するにはかなり大変だ。シンプルに噛み砕いて説明する。

　個人事業の利益、つまり儲けには所得税が課税され、法人の儲けには法人税が課税される。

　この二大国税がメインの税金となるが、それぞれ他に地方税である「住

民税」や「事業税」も課税される。（**図2-4**、**図2-5**）

　個人事業と法人の税制面での有利不利を考える際、この「所得税等と法人税等の税金計算の仕組や税率構造が、全く異なる」という点にご注目いただきたい。

　特にこれから起業しようとする人は、税制というものを理解しておかないと、大いに損をしてしまう場合もある。

①所得税（個人の税金）

　所得税の計算の仕組は、まず下記をご覧いただきたい。

> 所得税額＝（①所得金額の合計－②所得控除）×③税率（5〜45％）

　まず、所得税の最大の特徴は「超過累進税率」という税率構造だ。（40ページ**図2-6**）所得、つまり個人の儲けが大きくなればなるほど、税率も段階的に高くなる。

　課税所得4,000万円超の場合、所得税率はなんと45％！

　一方、課税所得195万円以下の最低税率は5％。たくさん稼いでいる人にとって、この税負担の差はたまったものじゃない。

　所得税というのはあくまで個人の税金。個人の稼ぎ方の種類によって、税負担は軽くなったり、重くなったりする。

　たとえば、退職所得については長年の勤労の苦労を考慮して、税負担が緩和される。逆に、不労収入と言われる不動産所得等は、あらゆる支出の経費性をシビアに問われるため、税負担が重くなりやすい。

　所得税の計算は、40ページ**図2-7**のように、個人の所得を10種類の箱に分類する所からスタートする。

　個人で起業してビジネスを立ち上げるなら「事業所得」、サラリーマンとして勤務先から給与を受取る場合や、会社を立ち上げて会社が社長などの役員に役員報酬を受給する場合等は「給与所得」に分けられる。

2-4 個人事業主にかかる税金

税金の種類	税額の決定方法	申告期限	納付期限
所得税	申告課税	翌年3月15日	同左 （振替納税の場合は翌年4月下旬）
住民税 （府民税・市民税）	賦課課税	—	**6月・8月・10月・1月の 4回払い（原則）**
事業税	賦課課税	—	**8月・11月の2回払い**
消費税	申告課税	翌年3月31日	同左 （振替納税の場合は翌年4月下旬）

2-5 法人にかかる主な税金

税金の種類	申告場所	申告期限	納付期限
法人税 地方法人税	税務署	決算日後 **2か月以内**	同左
法人事業税 特別法人事業税	都道府県税事務所		
法人都道府県民税	都道府県税事務所		
法人市区町村民税	市区町村役場		
消費税	税務署		

2-6 所得税の超過累進税率

課税所得金額	税率
195 万円以下	5%
195 万円超 ～ 330 万円以下	10%
330 万円超 ～ 695 万円以下	20%
695 万円超 ～ 900 万円以下	23%
900 万円超 ～ 1,800 万円以下	33%
1,800 万円超 ～ 4,000 万円以下	40%
4,000 万円超	45%

※他に
復興特別所得税
アリ
（税額の 2.1%）

2-7 10種類の所得

	種　類	申告場所
1	利子所得	預貯金の利子・公社債の利子等
2	配当所得	株式の配当金等
3	不動産所得	不動産の貸付・地代等
4	事業所得	小売業・フリーランス・YouTuber 等
5	給与所得	給料手当や賞与等
6	退職所得	退職一時金等
7	山林所得	山林の譲渡等
8	譲渡所得	車等の資産の譲渡等
9	一時所得	クイズの賞金・競馬の馬券払戻金等
10	雑所得	公的年金や小規模な副業等

副業は事業所得や雑所得になるって、1章で言ってたわね

　これらの所得分類のプロセスで、不動産所得や事業所得、山林所得、一部の譲渡所得で赤字が発生した場合、他の所得と相殺できる「損益通算」という制度がある（**図2-8**）。そして損益通算後の各所得を合算し、過去の会計年度の赤字があればそれを控除（「損失の繰越控除」と言う）して、課税標準というものを算出する。（一部、他の所得と合算せず、単独で税額計算をする「分離課税」というものがある）

 おっと、「課税標準」あたりからついていけなくなったわ

 …まあ、とりあえずOK。続けるよ。

　さらに、その課税標準から「所得控除」というものを控除して、課税所得を算出する。<u>「所得控除」とは、法人税にはない所得税独特の制度</u>。

2-8 損益通算とは？

不動産所得
事業所得
山林所得
譲渡所得

<u>不動産・事業所得・山林所得・譲渡所得（不動産や株式の譲渡から生じたもの以外）</u>限定で、
損失が発生した場合には、
他の所得との通算（相殺）が可能

収入があれば申告をしなくても自動的に引かれる「基礎控除」以外に、個人の生活事情や扶養家族の状況を踏まえて、14種類の控除が認められている。（図2-9）

たとえば家計費のうち多額の医療費支出があれば、「医療費控除」が受けられる。また、配偶者の稼ぎが一定水準以下の収入であること等の要件を満たせば、「配偶者控除」等がある。

 所得控除は、「庶民の味方」って感じがするわね

ざっくりまとめると、先の計算式「所得金額の合計−所得控除」、この部分を「課税所得」というんだ。

この課税所得に対して、先程ご説明した超過累進税率を適用して、所得税を計算する。

改めて、先の計算式を記載しよう。

2-9 所得控除には、「基礎控除」を含んで14種類がある

◎物的控除

雑損控除
医療費控除
社会保険料控除
小規模企業共済等掛金控除
生命保険料控除
地震保険料控除
寄付金控除

◎人的控除

障害者控除
寡婦（寡夫）控除
勤労学生控除
配偶者控除
配偶者特別控除
扶養控除
基礎控除

$$所得税額＝\underline{（①所得金額の合計－②所得控除）}×③税率（5〜45\%）$$
$$↑課税所得$$

　さらに話は複雑になるが、以下は何となくでOK。今後はそういう部分は、（※）で囲っていくことにする。

（※2037年までは、この所得税に復興特別所得税が2.1%加算される。

　また、税額控除と言われる制度もあるので、覚えておこう。たとえば、住宅ローンを組んで自宅を購入した場合、所得税額から年末借入金残高の最大1%を直接控除できる、いわゆる「住宅ローン控除制度」などがそれにあたる。）

住民税（地方税）

　そして所得税以外に、地方税である「住民税」や「事業税」の存在も忘れてはいけない。**図2-10**をご覧いただきたい。

2-10 個人事業主のその他の税金

◎国民健康保険料─────

　住民税の金額等をベースに算定される

◎住民税─────

　（収入－必要経費－※所得控除）× 税率（10%）

　　　　　　　　　↓

　　※所得税と金額が異なる！（例）基礎控除　所：48万　住：43万

◎事業税─────

　（収入－必要経費－事業主控除）× 税率（※3〜5%）

　　　　　　　　　年290万円　　　　　　　↓

　　　　　　　　　　　　　　※作家、漫画家、音楽家等は非課税！

まず住民税の計算構造は所得税とほぼ同様で、わずかな違いがあるだけ。たとえば、所得控除の中に「基礎控除」と言うものがある。

　所得税の場合基礎控除の上限が48万円であるのに対し、住民税では43万円。このように所得控除に数万円の差があることや、税率が都道府県・市町村合計でほぼ一律（10%）であること等を除き、よく似た計算構造と言えるだろう。

（※さらに、厳密には税金ではないが、都道府県管轄の国民健康保険料の算出方法も所得税や住民税の計算構造をベースとして賦課される。各都道府県それぞれで上限保険料はあるものの、所得水準が高ければその分国民健康保険料も上昇する仕組となっている。）

事業税（地方税）

　次に事業税。その名の通り個人で事業を営む者に対してかかる税金であり、サラリーマンの給与所得には一切かからない。

「事業所得」や、一定規模以上の「不動産所得」がある人限定となる。事業所得の金額や、不動産所得の金額が290万円を超える場合に課税される。税率は業種によって異なり、3〜5%となる。

　所得税の最高税率が適用される程の高額所得者である個人事業主は、これらのトータルの税金を考慮に入れると、所得税45%、住民税10%、事業税5%、合わせて60%もの納税を強いられる。非常に重過ぎる税負担となるのだ。

半分以上取られたら、血の涙が出るレベルねw

　税金初心者の人は、とりあえずこの3つだけ覚えてくれ。

---

①個人事業主の主な税金は、所得税、住民税、事業税の3つ
②所得税の税率は5〜45%と、額に応じて差がつきまくる
③個人事業主のMAX税率は、60%と超ヘビー

ひとり会社のトータル税率を「ざっくり25%」と考える理由

　一方、法人税は所得税と比較すると、その計算構造はシンプルだ。基本的に税率は一本。中小企業のみ2段階の税率構造となっている。本書は、新規で起業される方や、ひとり会社等の中小企業経営者を対象に考えているので、中小企業の法人税制を中心にご説明する。

　現在の法人税の税率は年間の課税所得、つまり儲けが800万円までは15.0%、所得800万円超の部分は23.2%となる。法人税の計算の仕組については、図2-11をご覧いただきたい。

　法人税の申告書に添付して提出すべき書類は、法人税法によって厳格に定められているのだが、その中に決算書というものがある。

2-11 法人税等の計算方法

❶ P/L（損益計算書）

収益	−	経費	＝	利益

ここから ❷申告調整 ± ＝ ❸課税所得

課税所得	×	法人税率	＝	法人税額

課税所得 800万円まで × **15%**
課税所得 800万円超　 × **23.2%**

＋ 法人住民税、法人事業税等も課税：**実効税率約 25 〜 35%**

---

❶貸借対照表と損益計算書

決算書とは、貸借対照表と損益計算書を意味する。（図2-12及び図2-13）

貸借対照表は「会社の決算日等ある一時点において、資産や負債がどれくらいあり、純財産がどれくらいあるのか？」を示す財産目録のようなもの。

一方、損益計算書は、ある時点からある時点までの一定期間の会社の業績を表すものであり、学校で言えば成績通知表にあたる。「収益・つまり売上から費用・各経費を差し引いて、その結果利益がいくら残ったのか？」を表す。

❷申告調整

さて、この損益計算書に記載された最終利益（「税引後当期利益」と言う）が法人税の計算ベースとなる。

この最終利益にまずは加減算の調整を加える。具体的には「法人税申告書の別表4」という書類上でこの加減算がなされるのだが、これを「申告調整」と呼んでいる。

申告調整とは、決算書上は費用として認識されるものの、法人税法上は損金（＝税務上の費用・経費のこと）として認められていないものを、損金から外すことを言う。つまり、「所得に加算する」こと等を意味する。

具体的にはどういうものがあるの？

たとえば、役員賞与。役員が役員賞与を取ること自体は禁じられていない。でも、法人税法上、原則は経費に落とすことはできない。そこで申告調整によって加算される。

このように申告加算するものもあれば、逆もある。

会社が他社の株式を所有している場合、配当金を受取ることがある。しかし、一定要件を満たした配当金は益金（＝収益のこと）に計上する必要がない。この場合、「所得から外す」、つまり減算することになる。

2-12 貸借対照表

◎ 貸借対照表は、どんな財産があるかを表している

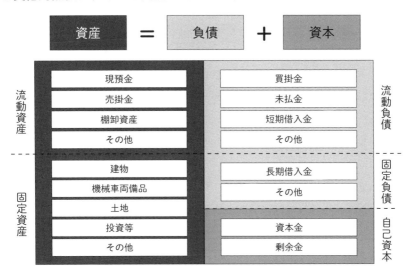

2-13 損益計算書

◎ 損益計算書は**3つのプラス**と**5つのマイナス**から構成されている

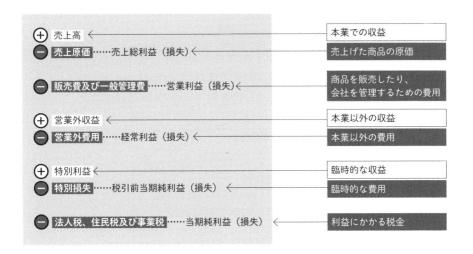

❸課税所得

<u>加減算調整された後の数字を、「課税所得」と言う。</u>

中小企業の場合、<u>この課税所得に対して、先程の2段階の税率をかけて</u><u>法人税を算出</u>する。所得税と比較すると非常にシンプルだ。

（※この他、国から各地方自治体に配分する「地方交付税」の財源としての地方法人税（国税）というものがある。なお、法人にも、所得税の住宅ローン控除等のように税額から直接控除が可能な「税額控除制度」ももちろんある。代表的なものとしては、給与総額が増加する等一定の要件を満たした場合に適用できる「所得拡大税制」等だ）

i 法人事業税（地方税）

また、個人と同様に法人の儲けにも「法人事業税」と「法人住民税」とが課税される。（**図2-14**）

法人事業税は、法人税計算の際の課税所得をベースに計算される。中小企業の場合、税率構造が3段階に分かれており少々複雑だ。

ii 法人住民税（地方税）

法人住民税額は、法人都道府県民税と法人市区町村民税から構成されるが、いずれも「法人税割」と「均等割」から成る。

法人税割は、法人税の金額ベースで算出される。

一方、均等割は資本金等の額や従業員数等・会社規模によって変動し、これらの規模が大きくなればなるほど税額も大きくなる。最低金額は都道府県・市区町村の合計で年7〜8万円程。

均等割はその地域に事業所を構える「場所代」のようなものだったわね

そう！　よく覚えていたね

課税所得に対する法人のトータルの負担税率は？

これらの税目を合わせたトータルの税負担額は、法人の課税所得に対し

◎軽減税率が適用される中小企業の場合

所在地：東京都中央区
（標準税率・軽減税率適用の場合）

法人税	課税所得 800 万円以下	15%
	課税所得 800 万円超	23.2%
地方法人税	法人税額に対して	10.3%
ⅰ 法人事業税	課税所得 400 万円以下	3.5%
	課税所得 400 万円超から 800 万円以下	5.3%
	課税所得 800 万円超	7.0%
特別法人事業税	法人事業税に対して	37%
ⅱ 法人住民税	法人税額に対して（法人税割）	7.0%
	均等割	7 万円〜

てどれくらいの比率なのか？

　中小企業の場合、法人税は「年間の課税所得が800万円以下の部分」は「15%」の低税率が適用される。

　また、法人住民税や法人事業税にもこのような軽減措置があるのは、先に見た通りだ。

「年間の課税所得が800万円程度の中小企業」であれば、トータルの税負担率は「25%程度」だろう。

　もちろん「課税所得規模が何千万円」にもなる場合、トータル税率が30%を超えることもあるのだが、駆出しの会社は25%程度が多い。

 ざっくり「利益の1/4を納税しなければならない」と覚えておくわ

「売上1,000万円 ＝法人化検討ライン」の大嘘

見るべきは「売上」ではなく「課税所得」

　以上のように、所得税・法人税それぞれの税金計算の仕組や税率構造を理解すると、次のことがわかる。

> ○**課税所得が少ない場合**（あまり儲かっていない場合）
> 　⇒個人事業主が有利！
> ○**課税所得が大きい場合**（かなり儲かっている場合）
> 　⇒法人が有利！

　よく個人事業主として事業をしている人に対して「売上が1,000万円に達したらそろそろ法人化を検討すべき！」と言う人がいるが、それは都市伝説か、何らかの勘違いであろう。

 え、私もそのイメージあったわ！

「売上1,000万円のライン」は「消費税がかかるかどうか」、つまり「消費税の課税事業者」となるラインである。

　あくまでも消費税に限った話であり、もっとも負担が大きい所得税や法人税が考慮に入れられていない。

「個人事業主か法人か？」を考える場合にもっとも大事なのは、負担が大きい「所得税」と「法人税」の節税を優先すべきだ。

「売上が1,000万円」という情報だけでは、課税所得金額がいくらかわからない。つまり、「所得税率や法人税率がどれくらいになるのか」がまったくわからない。

本当に税制を理解している人であれば、それだけの情報では何も言えないのだ。まずはこの税制の原理原則を理解した上で「個人事業か法人か？」の有利不利を判断してほしい。

「所得300万円」が法人化の検討ライン

結論として、個人事業主はどのくらいの所得から検討すればいいの？

それは、ズバリ所得300万円あたりだろう！

　図2-15をご覧いただきたい。所得300万円の個人事業主でも、ひとり社長になって節税すれば、税金が64.9万円から39.1万円になるのだ。

は〜、所得300万円クラスでも、25.8万円も節税できるのね〜

　もちろん、節税額25万円程度ではイニシャルコストなどを考えると、

2-15 所得300万円の個人事業主が法人化すると…

①個人事業主

所得税	74,200
住民税	155,400
事業税	5,000
社会保険料	415,044
納税合計	649,644

②法人

法人税	70,000
所得税	0
住民税	5,000
社会保険料・個人	158,184
社会保険料・法人	158,184
納税合計	391.368

①売上400万、経費100万、所得（利益）300万のケース
　東京都在住・40歳独身社長という条件
②法人化して倒産防止共済100万、非常勤役員給与100万、
　役員報酬100万をとって、会社の利益を0とした場合

あまり割に合わないだろう。しかし、法人というだけで、先述のとおり信用性は上がる。そして、所得が400万円、500万円と上がっていくほど、節税効果は高まるのだから、デメリットは相殺されてくる。

「法人は使えるが、個人事業主には使えないと言う節税策」は多々あるが、その逆はほとんどないから、悪い話ではないはずだ。（個々の節税策の詳細については第4章以降で詳述する）

個人事業から「法人成り」も全然OK

 ん〜、でも私は所得400万円くらいから、法人にしようかな

 ほう、何で？

 今のところ想定取引先が、個人事業主とも取引してくれそうだから

それも全然OKだ。法人運営は、手間のかかる部分も多い。

「起業して、個人事業とするか法人とするのか？」については、税制面や経営面等の違いによって、有利不利はケースバイケース。その実務的判断は非常に難しい。

取引上の問題がなければ、まずは個人事業としてスタートして、利益状況を見ながら法人化するという「法人成り」もオススメだ。

うまく活用すれば消費税の免税期間を最大4年間以上適用できる場合もあり、大きな節税メリットが得られる。（次章詳述）

また、個人事業主として決算や申告を経験することによって、スムーズに法人運営ができるようになるかもしれない。あなたの事業が比較的小規模であり、「売上1,000万円到達するのにも数年かかる。っていうか、到達できるかわからん」というのであれば、このやり方で損をすることは、ほぼないだろう。

一方、起業当初からスピーディーなスタートアップが見込まれるとしよ

う。開始早々、「年間利益1,000万円超も想定内」の大規模ベンチャービジネスだとしたら、税制面・信用面の両面から考えても、最初から法人としてスタートする方が良いだろう。

「個人事業か、法人か？」は奥の深い永遠のテーマ。周りの人があれこれ言うだろうが、絶対に左右されてはいけない。

税制面の有利不利、会社の信用力、取引の利便性を検討してみることだ。

そして、もっと大切なことは、「あなたがどうしたいか」だ。

 えっ！ 何でよ？

なぜなら、「法人化が原因で、2度とビジネスができないほど取り返しがつかない事態」になんて、滅多にならない。

それならあなたが、「なんとなく法人の方が格好いい。法人にしたい」とどうしても思うのならば、法人化すればいい。

大丈夫。

もし失敗したとしても、法人を立ち上げたことは、あなたの今後のビジネスの糧になる。思い切って挑戦すればいい。

 ただし、税務調査には注意や！

個人と法人の違いというよりも、事業規模の差によるところが大きいのだが、一般的に「個人事業主で、税務調査に入られる人」は非常に少ない。もちろん個人事業主でも大きなビジネスを営んでいたり、大規模な不動産等を持つ資産家等は、定期的に税務調査に入られることもあるが、一般的にはマレだ。

一方、法人の税務調査は、定期的に実施されることが多い。一般的に3～5年に一度のペース、と言われている。ここ最近は税務当局も人手不足状態に陥っており、所轄税務署次第では長期間調査が入らないこともマレにある。それでも、「調査が全くない」ということはない。調査なんて決して喜ばしいものではないが、法人として事業を運営する場合、税務調査対策もしっかり考えておこう。

― 第2章まとめ ―

I.「起業時に個人事業とすべきか？ 法人を立上げてスタートすべきか？」は、税理士がよく受ける定番の質問。周りの人が適当に言う意見に左右されたらあかん！ 理論武装して、自分で考えられるようにならな！

II.「個人事業がいいか？ 法人がいいか？」はシンプルに言えば、信用力等の「経営面」と「税制面」の2つの観点から考えるべきや！ もしあなたの得意先から「個人事業やったら取引できまへんねん…」と言われたら、何も考えず「法人でスタートする」しかない。せやろ？

III.「売上1,000万円かどうか？」というラインだけで、個人事業か法人かを考えるのは都市伝説クラスの間違い！ それは「消費税がかかるかどうか？」だけを判断するラインやから！

IV. 所得税と法人税の計算の仕組や税率構造については、理解しておく必要があるで！ 個人事業の場合、所得税の計算では「事業の儲けが大きくなればなるほど、税率が高くなる」という「超過累進税率」が適用されるからガッポリ儲けてる人は大変や！ でも法人の税率はほぼ一定。儲かりそうな人は、最初から法人にした方が税制面では有利や！

V. 節税策のラインナップの多さでは、圧倒的に個人よりも法人有利。

VI.「起業スタートアップ時点からたくさんの利益が見込める」というわけでもない場合は、とりあえず個人事業からスタートしなはれ。儲かってから法人成りしたらええから！

第3章

知らないと損する
「ひとり会社」の
起業手続きアレコレ

株式会社VS合同会社
どっちがいいの？

　会社には株式会社のみならず、合同会社や合名会社、合資会社等様々な種類がある。本章では、その中でもっともポピュラーな、株式会社と合同会社を中心に解説をする。さらに具体的な会社設立スケジュールや、設立登記、税務や労務の諸手続きの概要も、解説したいと思う。

①株式会社とは？　合同会社とは？

　税理士として起業相談を受けることは多いのだが、株式会社を設立される方が圧倒的に多い。一方、合同会社を設立される方は少ないものの、ここ最近は認知度も高まっていることもあり、徐々に増えてきている。

　ちなみに現在、有限会社の設立は不可能。2006年5月1日の会社法施行に伴い、有限会社法が廃止されたのだ。

　では、株式会社と合同会社のそれぞれについて解説していきたい。

株式会社とは？

　まず、株式会社とは、「株式を所有する株主から、有限責任の下に資金を調達して、委任を受けた取締役等の役員である経営者が事業を行い、その事業から得られた利益を株主に配当する『法人格』を有する会社形態であり、営利を目的とした団体」である。

 えっと、「配当」とか聞くと、自分にはムリって思っちゃうんだけど…

　これは、あくまで基本的な定義。「不特定多数の株主から資金を募る」とか「経営者を募集する」とか言った、大そうな組織イメージを持たないでほしい。

本書でオススメする「ひとり会社」の多くが、社長である自分自身が株主も兼ねている「オーナー企業」であるケースが一般的なのだ。

　ベンチャー企業として上場を目指す場合等を除き、自分自身が全額資金を出資して、社長に就任すればいいだけなのだ。

そもそも「法人格」とは何か？

「法人格」という言葉の意味を補足しておく。

　我々人間は生まれながらにして「人格」という権利を有している。生まれてすぐに「個」としての資格があり、法律上存在することが認められているのだ。そんな我々人間のことを、近代法では「自然人(しぜんじん)」と言う。

　一方、自然人以外の団体等で、様々な法律によって権利義務の主体となれるものを「法人」と言う。この「法人」には株式会社や合同会社だけでなく、「合名会社」や「特定非営利活動法人（NPO法人）」、「一般社団法人」等の種類がある。

　この「法人」に与えられた「人格」こそが「法人格」である。

　同好会等の団体には、権利能力はない。一方で法人格を得ると、法律上、権利能力を持つ事が可能になり、会社として機能することになるのだ。

「合同会社」とは？

　合同会社は、現在では株式会社と並んでもっともポピュラーな会社形態の一つだ。米国で認められている「LLC (Limited Liability Company)」をモデルとして導入されたこともあり、「日本版LLC」とも言われる。

　最大の特徴は株式会社とは異なり、出資と経営が一体であること。基本的に「株主＝代表取締役」なのだ。そのため、意思決定手続きが非常にシンプル。

　なお、合同会社では代表取締役や取締役等の言葉はなく「代表社員」や「社員」と言う。

　また、合同会社のすべての社員は、株式会社の株主と同様、会社の債務について有限責任となる。

はーい質問。「有限責任」って何ですか？

　会社が潰れたとき、お金を借りてた債権者に、出資額以上の責任を負わないこと、を指す。**合同会社だと、株式公開して上場することができない点、信用面が株式会社より不安に思われることもある点がデメリット**。

　一方、**設立コストが非常に安いのがメリット**。新規設立が認められなくなった有限会社に代わって、**小規模事業の法人化に活用されることが多い**。

　なお、法人税の計算方法や税率等は、株式会社と合同会社での差異はなく、全く同じだ。

 ふ〜ん、ひとり会社と合同会社は相性良さそうじゃない

②「どっちがいいのか」を決めるシンプルな基準３つ

　株式会社も合同会社も、それぞれメリットやデメリットがある。**図3-1**がその比較表だ。表中の相違点で、余計に迷ってしまった、という方も多いかもしれないが、改めて参考になる判断基準をお伝えする。それは、次の３つを基準にすることだ。

---

①とにかくコストを抑えたい！
　⇒合同会社
②得意先に対する与信面等で問題なさそう！
　⇒合同会社
③株式会社としか取引したがらない大企業との仕事も想定される
　⇒株式会社

　いかがだろうか？　この判断基準を参考に、決めていただきたいと思う。
　なお、合同会社を設立してから不都合が生じた場合、コストはかかるが株式会社への変更も可能だ。そしてその逆も可能。安心していただきたい。

	株式会社	合同会社
定款認証	50,000 円	不要
登録免許税 （資本金の 7/1000）	150,000 円～	60,000 円～
出資・意思決定	所有と経営の分離 出資割合に応じた議決権	出資者＝役員 割合関係無。一人一票
代表者名称	代表取締役	代表社員
役員の任期	最長 10 年	任期なし
株式の公開	可能	株式ないため不可
社会的信用力	高い	やや低い
決算の公告義務	あり	なし

設立手続は自分ですべき？
司法書士に依頼すべき？

　設立する会社形態を決めたら、いよいよ「法務局での会社設立手続き」に着手だ。この一連の手続きには、大体2週間～1か月程度を要する。書類準備が早く進めば、それだけ早く終えられる場合もある。具体的な作業内容とそのスケジュールは、次ページ図3-2を参照いただきたい。

STEP ①	事業プランや登記事項の決定	・会社名　・事業の目的　・本店所在地　・資本金の額 ・出資者と株主の決定　・役員構成　・決算期　他
STEP ②	印鑑の作成	・会社実印　・銀行印　・角印　等一式を作成！
STEP ③	定款と登記書類の作成	定款・登記書類を作成（司法書士や行政書士・または自分で） ※定款：会社の組織や運営方法など会社の基本的ルールを定めたもの
STEP ④	定款認証	公証人役場にて定款認証 ※定款には細かい決まり事があり、適切でないと訂正や作成のやり直しが発生する
STEP ⑤	資本金の払込み (払込証明書の作成)	
STEP ⑥	設立登記申請	登記申請後、約1週間で【登記簿謄本】と【印鑑証明書】の取得が可能
STEP ⑦	登記簿謄本と印鑑証明の受領	

①会社設立の専門家は税理士？　司法書士？　行政書士？

「商業登記」を中心とした、会社設立に関する手続きの専門家は、「司法書士」だ。このうち、「定款」の作成のみは、行政書士でも代行可能。

　たまに行政書士や税理士や他の専門家が、登記まで一括して代行してしまうケースが見受けられるが、これは違法行為！

　依頼を検討しているなら、ご注意を。

②時間に余裕があれば、設立手続きを自分で行うのもアリ

　会社設立の手続きは、司法書士に依頼すべきか？　それとも自分で手続きすべきか？

これは個人の考え方次第だが、お金と時間を天秤にかけて考えればいい。

物事を調べる力と時間の余裕さえあれば、自分で手続きできないということもないだろう。特に最近は弥生会計をはじめ、マネーフォワードやfreee等のクラウド会計ソフト会社が、「超低価格の会社設立サービス」を提供しているので、これらを活用するのもアリだろう。

「時間に余裕がない」という人は、お金を支払って丸投げするべきだ。

やはり「餅は餅屋」であり、その道の専門家に依頼するのが安心だ。有料になるが、それで浮いた自分の時間を有効活用できる。

ただし、次項で説明する通り、専門家に依頼しても税金面で損する場合があるので、要注意だ。

③司法書士に依頼する際のベストな方法

司法書士を探す場合、「知人の紹介かネット」で探すのが一般的だろう。

私が皆さんにオススメしたいのは、「司法書士と税理士に、セットで相談すること」だ。

三者でMTG(=打合わせ)するのがベスト。三者MTGの形さえ取れれば、司法書士、税理士が集まっているワンストップ事務所に依頼するのもOK。会計事務所に、提携先の司法書士を紹介してもらうのもOKだ。

次章にて詳述するが、実は会社設立の登記内容と税務が密接に絡む。税務に詳しい司法書士であれば問題はないが、そこまでの司法書士はなかなかいないのが現状。

 いたとしても、報酬は値が張りそうね…

会社の純資産額や規模を示す「資本金」をいくらにするか？
「決算日」をいつに設定するか？

これらの設定をミスすると、場合によっては、無駄な税金を支払うハメになる。自分の会社設立計画、経営計画等を司法書士と税理士に打ち明けた上で、法務と税務、それぞれの観点で助言をもらう。これが理想の会社設

立の第一歩。

　余談にはなるが、最近は「登録免許税」等の、「会社設立にかかる実費費用」まで負担してくれる会計事務所等も存在する。

 太っ腹じゃない！

　ただし、そのような事務所で設立手続きを依頼すると、税務顧問契約を一定期間強制される場合もあるので、注意が必要。税務顧問として行き届いたサポートをしてくれるのであれば問題ないが、そうではないこともある。契約の際、よく確認しておこう。

 しゅん。やっぱりうまい話なんてないのね

④設立登記が終わった後にすべきこと

　無事に、会社設立完了。しかし、それがゴールではない！　ここからがいよいよスタート。やるべきことが多々あるので、ご注意を。以下、整理したので、ご参照いただきたい。

税務上の手続き（税務署・都道府県・市区町村）
　登記が完了すると、税務上の各種届出書の提出が必要となる。（**図3-3**）代表的なものに、「法人設立届」や「青色申告承認申請書」等がある。
　個人事業主の場合、基本的に税務署への届出のみで済むが、法人は3カ所（税務署・都道府県・市区町村等）への提出が必要となり、手間がかかる。
　届出の中には、期限遅れや提出忘れ等があった場合、無駄な税金を払うハメになることもあるので、期限管理は把握しておこう。
　特に重要なのが「青色申告承認申請書」だ。
　青色申告制度を簡潔に説明すると、「会計帳簿を作成すれば、様々な税制上の優遇措置を受けられる」というものだ。

3-3 税務上の届出書

届出書の種類	提出先	提出期限
① 法人設立届出書	税務署	設立後 2 ヵ月以内
② 給与支払事務所等の開設届出書	税務署	設立後 1 ヵ月以内
③ 源泉所得税の納期の特例の承認に関する申請書	税務署	なるべく早く
④ 青色申告の承認申請書	税務署	設立後 3 ヵ月以内（原則）
⑤法人設立届出書	都道府県税事務所	（都道府）県で定めた期日まで
⑥法人設立届出書	市区町村役所	市（町村）で定めた期日まで

 どんな優遇措置だったっけ？

　たとえば「欠損金の繰越控除」と言う、赤字を10年間繰越せる制度。他に、「特別償却」と言う「通常の減価償却よりも、早いペースで償却して節税ができる制度」等がある。これらの制度の詳細は、後述する。

　この青色申告は、法人を設立しても自動的には適用されず、申請書を提出して承認を受けることが必要だ。そのための届出書がこの「青色申告承認申請書」である。

　気を付けたいのが、その提出期限。原則、設立日から3か月以内だ。忘れると「白色申告」となり、初年度で赤字が発生しても、繰越ができなくなるので要注意だ。

　これらの各種届出書は、登記手続のように複雑な書類でもないので、自分で作成することも十分可能。

なお、これら税務上の届出を専門家に依頼するならば、担当先は「税理士」となる。余程の低価格をウリにしている事務所でなければ、「毎月の税務顧問報酬の範囲内での業務」として、別途費用は発生しないはずだ。

社会保険の手続き （年金事務所・労働基準監督署・公共職業安定所）

　次に、社会保険関係の加入手続が必要となる。

　2章で説明した通り、個人事業と異なり、法人は社会保険が強制加入。

　社会保険の手続きは、次のi〜iiiのように、その種類に応じて書類の提出場所が異なる。

 これも代行サービスはあるのかしら？

　ある。これらの手続きを代行してくれる専門家は、「社会保険労務士」だ。

　社会保険労務士も税理士と同様、中小企業にとって欠かせないプロフェッショナルだ。

　これらの設立時の手続きが済んだ後、接点はほとんどないかもしれない。でも、もしあなたが従業員を雇用して会社を拡大する場合、給与計算や就業規則の作成、労務相談等で頼ることが多くなるだろう。

i 健康保険・厚生年金保険→年金事務所

　たとえ、ひとり社長のひとり会社であったとしても、法人である限り、健康保険・厚生年金の加入義務がある。

　健康保険は「全国健康保険協会」が運営、厚生年金は「日本年金機構」が運営している。

　この日本年金機構の事務所である「年金事務所」にて、健康保険まで一括管理している。

ii 労災保険→労働基準監督署

　労働保険のうち「労災保険」の加入手続きは、「労働基準監督署」で行う。

　ただしこちらは健康保険と違い、従業員がいない場合、加入の必要はない。

厳密には「加入の必要はない」のではなく、代表取締役は加入できない。「無保険状態であるのは不安だ」という経営者は、「中小事業主等の特別加入制度」や「民間の保険」を活用することをオススメする。

iii 雇用保険→公共職業安定所・ハローワーク

「公共職業安定所」通称ハローワークでは、労働保険のうち「雇用保険」への加入手続きを行う。

　こちらも従業員がいない場合、加入する必要はないが、従業員を雇用したら、すぐに手続きを行う必要がある。失業保険に関わることは、経営者としての責任から考えて、非常に重要なものである。

　以上、会社設立に関わる必要手続きを、ザックリ説明した。

 次章からは、いよいよ節税の話が中心になる！

 よよ！　待ってました〜。

― 第3章まとめ ―

I. 会社設立の際、コスト重視でできるだけ安く会社作りたいのやったら、合同会社がオススメ。取引先に対する信用力重視なら、株式会社がオススメ。ちなみにこの両者、税制上の違いはなく、税金の計算方法は全く同じやで！

II. 会社設立の専門家は、税理士やなくて司法書士。お金を払って司法書士に依頼するのが安心や！ 一方で、会社設立は税務とも密接に絡む。できれば、税理士も含めて三者で話をするのが、ベストっちゅうことや。

III. 会社設立のコストをなるべく抑えたいなら、自分で会社を作るのもオススメ。「時間」と「調べる力」さえあったら、できるはずや！

第**4**章

ひとり社長の節税（基本編①）

知らないと大損コク
法人設立と消費税の
深〜い関係

消費税計算の仕組は
こうなっている

　会社設立時点から、税務に関して気を付けておかなければならない事が数点ある。

　これを知らないまま設立すると、場合によっては無駄な税金を納めるハメになるので、ご注意いただきたい。

　たとえば、税務に疎い司法書士に設立依頼をした場合等だ。理論武装した上で、スムーズにひとり会社を設立していただきたい。

　まずは、消費税計算の仕組を解説する。後述するが、会社設立時の節税は、この消費税と密接に関連するのだ。

①ややこしい消費税計算をシンプルに解説 （本則課税）

　消費税は、商品やサービスが国内で消費される際、課税される税金である。税金を負担するのは、商品やサービスを購入する消費者である。一方、税金を納めるのは、消費者から消費税を預かる事業者となる。

　このように、納税者と担税者（＝税を負担する者）が異なる税金のことを「間接税」と言う。一方、納税者と担税者とが同一人である税金のことを直接税と言う。

 なるほど。事業所は消費税の中継地点に過ぎないのね

（※あまり関心がないかもしれないが、消費税は「国税部分」と「地方税部分」に分かれており、この地方税部分を地方消費税と言う。

　現在の消費税率は10％となっているが、このうち国税部分が7.8％で、2.2％が地方消費税だ。ちなみに、食料品や新聞等のように軽減税率が適

用される場合、税率が8%に緩和され、うち6.24%が国税、1.76%が地方消費税となる。豆知識として、覚えておいても損はないだろう）

　これからひとり会社を立上げる皆さんは、いずれ消費税を「払う立場」から「納める立場」となる。それにしても、具体的にいくら消費税を納めることになるのだろうか？　ざっくりした計算方法は、下記のようになる。

> お客・得意先等から預かった消費税額（A）
> －仕入先等に支払った消費額（B）

　ちなみに会計用語では（A）を「仮受消費税」、（B）を「仮払消費税」と言う。会社が預かった消費税とは、ざっくり言うと、売上代金と一緒に「お客や得意先等の売上先から預かった消費税10%（または8%）部分」である。
　一方、会社が支払った消費税とは、商品を仕入れたり家賃や水道光熱費等の経費を支払った際、一緒に支払った「消費税10%（8%）部分」である。
　これらの差額を、国に納付することになるのだ。

 法人税のように、「会社が黒字か赤字か」は関係がないのね

　そう。基本的に赤字であっても、「預かり消費税」があれば納税が発生する。具体的計算事例が、次ページ図4-1にあるので、参考にしていただきたい。
　以上が、消費税の原則的な計算方法であり、これを「本則課税」と言う。
　消費税の納税時期は、法人税と同様に原則、決算終了から2か月以内。（一定要件を満たせば、法人税同様、申告期限の延長制度あり）
　経営者として一番気を付けていただきたいのは、消費税に関する資金繰りだ。特に業績が悪い会社の場合、消費税や社会保険料の滞納が非常に多い。何とか資金を工面して、分割払いしているケースもあるのだ。
　こういったことが起こるのは、「預かりと支払いの期間にスパン」があるからだ。
　消費税を預かるのが「売上発生のタイミング」であるのに対して、消費

◎消費税額 ＝ 預かった消費税額 － 支払った消費税額
（仮受消費税）　　　　（仮払消費税）

売上	本体	消費税
110万円	100万円	10万円

仕入	本体	消費税
55万円	50万円	5万円

預かった消費税	払った消費税	納付額
10万円	5万円	**5万円**

税を納めるのは、「申告時期1回」のみ。

　予定納税や中間申告制度はあるものの、業績が悪く資金繰りが苦しい会社の場合、この「預かり消費税」を日々の固定費に充てざるを得ない。申告時に「ほぼ一括で多額の納税をしなければならない」ということは、納税に備えて「資金をプールしておく必要がある」ということ。

　理想は、毎月の月次決算を組んで、毎月こまめに仮受消費税と仮払消費税を把握、その差額を「メイン口座とは別の貯蓄口座」にプールすることだ。

②中小企業の特例・「簡易課税制度」とは？

　消費税は、年商5,000万円以下の中小企業限定の計算特例がある。これが「簡易課税制度」と言われるもの。「仮受消費税」は「本則計算」通りだが、「仮払消費税」の算定方法は異なる。簡易課税方式を採用した場合、消費税納税額は、次のように計算する。

> 会社が預かった消費税額（A）－【（A）×みなし仕入率】

　本則課税とは異なり、仮払消費税の集計は一切しない。**仮受消費税に「み**
なし仕入率」という、一定率をかけて算出した金額を「仮払消費税とみな
す」のだ。

 つまり、払った消費税を計算しなくていいのね

　そう。簡易課税の趣旨は、零細企業の事務負担を軽減すること。消費税
を簡易的に計算する方法だから、**簡易課税**と呼ばれる。
　この「みなし仕入率」は各業種の利益率をもとに、6区分が消費税法上
規定されている。（**図4-2**）
　一般的に原価率が高く、「薄利多売」と言われる卸売業は、このみなし
仕入率がもっとも高く、90％と規定されている。逆に不動産業のように

4-2 「簡易課税」の「みなし仕入率」

区　分	業　　　　種	みなし仕入れ率
第一種事業	卸売業	90％
第二種事業	小売業（製造小売業を除く）	80％
第三種事業	製造業・建設業・鉱業・農林漁業等	70％
第四種事業	飲食店業	60％
第五種事業	金融保険業・運輸通信業・サービス業	50％
第六種事業	不動産業	40％

利益率の高い業種は、このみなし仕入率がもっとも低い、40％と決められている。小売業の場合の具体的計算例を図**4-3**に示したので、参考にしていただきたい。

③本則課税と簡易課税。結局、どっちがいいの？

 でも、ちょい疑問。原則課税のほうがトクする場合はどうするの？

いい質問だね。

消費税の計算方法が２通りあるということは、いずれを選択するかによって税額が変動し、有利不利が生まれる。

この消費税の計算方法は、我々プロの税理士がもっとも神経を使う業務のうちの１つである。これをミスってしまい、顧客からの税務訴訟等に発展してしまった、という最悪の事例も多々あるのだ。

> **4-3 消費税の計算（簡易課税）**

◎**消費税額 ＝ 預かった消費税額 －（預かった消費税額 × みなし仕入率）**

小売業のみなし仕入率80％の場合

売上	本体	消費税
110万円	100万円	10万円

預かった消費税	みなし仕入率	納付額
10万円	80％	**2万円**

消費税の簡易課税活用の際、大事なポイントは次の2点だ。

---

①売上5,000万円以下の会社はいずれも選択可能であるため、事前にシ
　ミュレーションをして損得計算をすべし。
②簡易課税を適用するためには、事前に「消費税簡易課税制度選択届
　出書」を届け出ることが必要。これを忘れると適用不可となる。ま
　た一度選択すると、原則2年間は継続適用が強制される。

簡易課税をうまく活用すれば、業種次第では多額の消費税を節税するこ
とも可能である。

原則、事業年度開始前に届出をすることにより選択可能であるため、法
人立ち上げ前から損益予測を行い、計算シミュレーションを実施した上で
選択する必要がある。

簡易課税が有利であると見込んだものの、大きな設備投資をした場合、
「本則課税有利」に逆転してしまう可能性が高くなるので、ご注意いただ
きたい。

以上、消費税の仕組についてざっくりお伝えした。実務上はさらに細か
な規定が多数あるが、それは以下の項にて解説していきたい。

ちなみに、簡易課税については、「益税」がずっと問題視されている。
本来納めるべきであった消費税を節税できた時、その払わなくて済んだ「節
税差額分」のことを、「益税」と言う。

しかし、簡易課税における「益税」は、創設以来ずっと疑問視されてい
るのだ。「簡易課税が廃止される日も、ひょっとしたら近いのでは？」と
業界では、噂されている。この「益税」の話は、本章の最後に記す「イン
ボイス方式」でもう一度触れることになるが、とりあえず先に進もう。

消費税の免除期間を最大限に！
ベストな決算日の決め方

　2章でご説明したように、「決算日」とは「会計上帳簿の締め日」を意味する。年に一度はこの「決算」を行い帳簿を締めて、期間内の事業損益を計算して、税額を算出し、資産や債務の金額を固めなければならない。

①決算日と事業年度

　個人事業と違い、法人の決算日は「任意」だということは先述した。

　会社設立時に「定款」にて、その計算期間である「会計年度・事業年度」を定めなければならず、ここで「決算日の設定」が必要となる。（会社設立日から1年を超えて、決算日を設定することはできない）

　「会社設立日から、決算日までの期間」が、記念すべき第1期となる。仮に、「2020年5月1日を会社設立日」「決算日を6月30日」とした場合、下記のような事業年度となる。

　第1期：2020年5月1日〜2020年6月30日（2か月間）
　第2期：2020年7月1日〜2021年6月30日（1年間）
　第3期：2021年7月1日〜2022年6月30日（1年間）

　このように第1期は、1年以内の事業年度となることがよくあるが、2期目以降はぴったり1年間の年度となる。日本では3月決算の法人が多いが、その理由は2章にて述べた通り、コンプライアンス上の理由でも何でもない。昔からの総会屋対策の名残によるものだ。

　ではこの決算日をいつにした方がよいのか？　節税の観点から、その決め方のコツについて解説をする。

②決算日設定で、「預かった消費税」をもらいっぱなしにする

ふたたび消費税の話に戻るが、現行税制では「消費税の納税が免除される場合」がある。納税が免除となっても、売上先から消費税を預かるかどうかは任意。

 え、つまり、預かった消費税をもらいっぱなしにできるの？

その通り！　もちろん、この「益税相当」は雑収入として法人税等の「課税対象」となるが、そういうことだ。

<u>消費税を納める事業所のことを「課税事業者」</u>と言うのだが、この課税事業者となるかどうかの判定は、ざっくり言えば次のとおり。

その前々期、つまり「2期前の事業年度の課税売上（＝消費税がかかるような売上）が1,000万円超かどうか？」（図4-4）で、決まるのだ。

4-4 消費税の免税制度

第1期 令和2.1.1〜令和2.12.31	第2期 令和3.1.1〜令和3.12.31	第3期 令和4.1.1〜令和4.12.31
消費税 免税	消費税 免税	消費税 課税 or 免税？

＼ ここで判定！ ／

◎第1期の課税売上高が1,000万円を超えているかどうか？

※上記判定期間は、事業年度1.1〜12.31の会社と仮定

「1,000万円以下の零細事業者には、消費税を課税しない」というルールを覚えているだろうか。これ、個人事業主でも法人でも同様だ。

ただし法人の場合、第1期が1年間に満たない場合、「課税売上金額を年換算して判定する」ので、要注意！

 疑問。法人の「第1期」「第2期」はどう判定するの？

いい質問だね。

設立初年度と第2期は、「2期前の事業年度」がそもそも存在しない。

つまり判定基準となる課税売上もゼロ。結局、ほとんど全ての会社が「設立当初2期間」は「消費税免除」になるのだ。

ただし、この免税措置には例外がある。以下のような場合、消費税は免除されない。

I.「特定期間の課税売上高」が「1,000万円超」の場合　かつ
　「特定期間の給与支払総額」が「1,000万円超」の場合

II.「資本金1,000万円以上」の場合

III.「資本金5億円以上の親会社の子会社」となっている場合

税務を少しかじった人の中には「消費税は最初の2年間は免税！」と考えている人が多いが、実はこれらの細かな規定が存在する。

 IIとIIIはわかるけど、Iの「特定期間」って何？

図4-5を見てほしい。「特定期間」とは、法人の場合、「その前の事業年度開始の日から、6か月の期間まで」を意味する。ちなみに、その年の事業年度が7か月以下しかない場合、この判定の必要がなくなり、前々期の課税売上判定と、後述する資本金判定等で済む。

I.の両方を満たすと、創業1期目は消費税免税でも、第2期から課税されることになる。

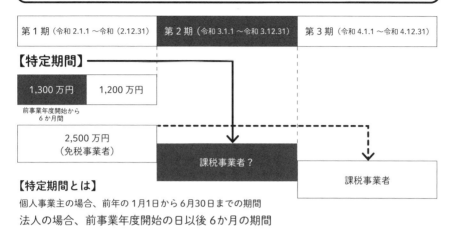

4-5 「特定期間」とは？ （事業年度1.1-12.31の法人の場合）

| 第1期（令和2.1.1〜令和(2.12.31) | 第2期（令和3.1.1〜令和3.12.31） | 第3期（令和4.1.1〜令和4.12.31） |

【特定期間】

| 1,300万円 | 1,200万円 |

前事業年度開始から
6か月間

| 2,500万円（免税事業者） | 課税事業者？ | |

課税事業者

【特定期間とは】
個人事業主の場合、前年の1月1日から6月30日までの期間
法人の場合、前事業年度開始の日以後6か月の期間

── ＼ ポイント ／ ──

課税売上高が1,000万円を超えていても、給与支払額が1,000万円を超えていなければ、給与支払額により免税事業者と判定！

 ふ〜ん、でもそんなケースって滅多にないんじゃない？

　その通り。起業間もない会社が、最初の6か月で売上、給与総額ともに1,000万円を超えるケースは、少ないだろう。

　飲食業等のようにスタートからそれなりの事業規模・人数規模で事業を開始する場合、この規定に引っかかる可能性もある。ただその場合でも、最初の役員報酬を低めに設定する等、ある程度コントロールは可能だ。

　なお、この特定期間の規定を無事に回避できたとしても、ⅡとⅢの規定に引っかかってしまうと、残念ながら消費税は免除されない。次節にて解説するが、ご注意いただきたい。

　結論だが、ひとり会社であれば、おそらく「特定期間の規定」に引っかかることはほとんどない。つまり、設立初年度と第2期合わせて、「24か

月に限りなく近くなるよう設定する」のが節税のコツだ。中途半端に初年度を数か月等の短期間で区切ってしまうと、免税事業者と判定される期間が短くなってしまう。非常にもったいない話なので、ご注意を。

 74ページのように、第1期を2か月とかにするとソンってことね

その通り！ 次節で、その例を計算してみよう。

決算日次第で、どの程度節税できるかをシミュレーション

第1期を2か月として、その2か月間で売上が200万円あがったとしよう。「消費税課税事業者となるかどうか」は前述の通り、「その前々期の課税売上高が1,000万円超かどうか」で判定する。「特定期間」等の条件を全てクリアーしたとして、第1～2期は免税となる。

 では、第3期をどう計算するか、覚えている？　やってみてくれ

 えっと、この200万円を年換算するから、こうかな？

200万円÷2か月×12か月＝1,200万円

正解！　結果、1,000万円を超えたため、第3期は「消費税課税事業者」となる。消費税が免税となった期間は、14か月。初年度を1年間に設定にしておけば、24か月も免税期間を確保できたのに、もったいない話だ。

 でも、もし課税売上が150万円とかなら、トクしそうじゃない？

鋭い！　その場合、年換算すると900万円となり、3期も無事に免税となる。結果、14か月＋12か月＝26か月もの間、免税措置を受けられることになる。

 ほうら、だったら下手に第1期を長くとらなくてもいいんじゃない？

ぶっぶー。それは大間違い。

だって、「会社の将来の売上がどれくらいになるか」なんて、実際やってみないと予想つきづらい。仮に売上好調となった時、消費税節税のために、「売上を小さくするよう努力する」ハメになる。そんなことは本末転倒。最初からフルで24か月免税となるよう、決算日の設定をする。そして、それ以上は何も考えず事業に集中する、というのがベストなのだ。

「法人成り」の場合、最大で4年以上の免税措置を受けることも可能

ちなみに、この消費税の免税判定の際、「前々期の課税売上高」には、個人事業主時代の売上は、一切カウントされない。

個人事業主でスタートして2年間が終了する直前に「法人成り」したらどうなるか？　諸条件を満たした場合、4年以上もの長期間もの間、消費税免税措置を受けられることになるのだ。

このメリットは非常に大きい。個人事業主としての所得税額と法人税額とのシミュレーションをしながら、必ず検討していただきたい。

③「法人住民税均等割」と「決算日・会社設立日」との関係

次は、「法人住民税の均等割」について述べておく。

第2章でご説明した通り、法人住民税は「法人税割」と「均等割」から構成される。おさらいだが、「法人税割は、法人税の金額に連動して算定」されるが、「均等割は、資本金額や従業員数等の会社規模で算定」される。つまり、「均等割」は消費税同様、決算が黒字でも赤字であっても課税される税金なのだ。

一種の固定費ね

そう。この均等割は次のように、「その都道府県・市区町村内に事務所等を有していた月数で、按分計算」される。

均等割額×事務所等を有していた月数÷12

 消費税の2期前の課税売上の年換算計算と似てるわね

　そう。ちなみに按分計算というのは、「なるべく公正になるよう、比率的に計算しなおすこと」かな。

　さて、ここでポイントとなるのは、「月数」の部分。この数字が、**事務所等を設置していた期間のうち「1月未満の端数は切り捨て」**になるという点だ。（ただし、事務所等が設置されていた期間がその事業年度を通じて1月未満の場合は1月としてカウント）

 ほほう。ってことは、4月2日に会社を設立すると、よさげじゃない？

 …その通り！　節税の話になると、飲み込み早いねw

シミュレーションしてみよう。

例）大阪府大阪市所在のA社の場合
　　（会社設立日＝4月2日、決算日＝3月31日）

　たとえば、資本金1,000万円以下で従業員数が50人以下の場合、均等割額年額は70,000円。

　しかしA社は2020年4月2日に設立のため、均等割額は「70,000× 11 月÷12月＝64,100円」となる（100円未満切り捨て）。

　つまり、4月中は29日も稼働していたにもかかわらず、**設立日をわずか1日ずらすだけで、年間5,900円の節税になる**のだ。

　しかしながら、これはせいぜい初年度のみしか適用できない計算方法であり、こだわるに値する程でもない小さな金額。

　按分計算の盲点をついたような節税でもあるし、参考程度でよい。

④決算日を決める５大ポイント

　では改めて、決算日はいつにするのがベストなのか？
「消費税」や「均等割」の節税も踏まえて、総合的にポイントをまとめる
と次のようになる。

---

①消費税の免税措置を最大限受けるために、設立第1期を限りなく12
　か月近くなるよう設定
②法人住民税均等割の節税のために、設立日は月初ではなくその月の
　2日以降に設定
③法人税等の節税を計画的に進めるために、繁忙月を期首（＝事業年
　度の頭）に設定（＝繁忙月を決算月として設定しないようにする）
④「法人税の納税期限の月」（決算日から2か月前後）は、「資金残
　高が豊富な月」になるよう、逆算して設定
⑤会計事務所の繁忙期を避け、「3月決算を選択しない」ようにする

---

　①〜②は説明済みなので、③〜⑤を解説しよう。

　③だが、「決算月＝繁忙期」と設定すると、節税の観点からは不都合になる。
　たとえば、BtoBビジネスの場合で、得意先の決算月と自社の決算月が
重なったとする。その場合、せっかく期中にコツコツと節税策を積み上げ
てきたとしても、最後の月で得意先が「予算消化のために、急ぎの案件を
依頼してくる」ことが多い。
　こちらからすると、売上・利益ともに大きく計上されてしまい、今まで
の節税策が無意味なものになってしまう可能性が高い。
　それを避けるため、一番忙しい時期を期首に持ってくることで、2か月
目以降からじっくりと節税対策を練られるのだ。

もし9月が繁忙期なら、8月を決算にしたほうがいいのね。OK

　④だが、申告納税時期である「決算日から2か月前後の時期」は、<u>納税資金確保のため、「資金に余裕がある月」</u>になるように設定しておいた方がよい。

うん…これはなかなか予想がつきにくそうね

　⑤だが、世の中で一番多い決算月は3月。3月決算法人の申告時期は、5月。つまり、多くの税理士事務所も、5月に申告業務が集中することになる。
　<u>税理士が余裕のある時期に決算相談に乗ってもらうため、3月決算を敬遠するという経営者も多い</u>。（プロである以上、決算時期で顧客の対応に差をつける事はあってはならないことなのだが…）

　以上のように税負担で損をしないよう、なるべく①〜⑤を満たせるよう、「会社に合った決算日」を選択していただきたい。

⑤意外と知らない人が多いウラ技。決算日は変更可能

　意外にあまり知られていないのだが、実は決算日は変更可能だ。しかも手続きの手間もほとんどかからないし、費用もほとんど発生しない。
　決算日変更に必要なのは、「①定款変更のための株主総会特別決議」と「②税務署等への届出」のみだ。登記事項の変更も、不要である。

　①だが、定款には事業年度が定められているため、それを変更しなければならない。そして、定款を変更するには、「株主総会を開き、特別決議」を得る必要がある。しかしひとり会社ならば、株主は自分一人だけというケースがほとんど。実質、書面の整備だけで済んでしまう。

次に②、税務署、都道府県、市区町村への届出の提出だ。顧問税理士に依頼すれば、多くの場合、「毎月の顧問報酬の範囲内」でサポート可能だろう。仮に顧問税理士がいなくとも、自分で作成可能なレベルの書類だ。

　あとは取引先への告知が必要かどうか。規模の大きな会社の場合、取引先への説明文書等が必要かもしれないので大変だ。ただし、ひとり会社であれば、ほぼ必要ないだろう。

　以上のように、**手間いらず、コストかからずで、決算日の変更が可能。会社設立時点で消費税に関する知識がなく、決算日の設定を誤ってしまった人は、決算日を変更することをオススメ**する。

　ちなみに、あなたの会社に予想以上の案件が入り、売上・利益共に倍増したとしよう。ウハウハの反面、多額の納税が見込まれることとなった。
　こんなケースでも、「決算日変更」は有効だ。**早期に決算月を前倒しして、変更すれば、売上を減らせる**からだ。（この節税法は6章でも触れる）
　たとえば、最終の決算月である3月に、突然予想以上の大きな案件が決まったとしよう。そうすると3月は売上・利益共に増加して、その年度は多額の納税が見込まれることになる。このような場合に、その決算月の直前つまり2月で一旦区切るのだ。決算月を3月から2月に前倒しする。こうすることによって、その3月の大きな案件に関する売上は、来期の売上となる。改めてじっくりと、節税対策を練ることができるのだ。
　ただし、節税目的で「頻繁に決算月を変更する」ことは、避けていただきたい。のちに触れるが、「租税回避行為」とみられる可能性もあるからだ。
　なので、この技を使う場合、「決算日をわざわざ変更する経営上の理由」を明確にしておいてほしい。
　そして、決算日変更は、「イザという時にだけ使える節税策」だと、肝に銘じておいていただきたい。

もう迷わない！
資本金を決める6大ポイント

　前章では「資本金」について詳しくは触れなかったが、これは、「会社の純財産の規模」を表す、会計独特の概念である。昔は有限会社300万円、株式会社1,000万円という下限があった。しかし、現行の会社法ではそれが撤廃され、極端に言うと、1円からでも設立可能となった。一方で、資本金が大きくなればなるほど、中身がどうであれ「しっかりした会社」というイメージが強くなるものだ。

　たしかに、もし「資本金1円」と会社概要にあったら、ヒクわね

　では、この「資本金」をいくらに設定すべきか？
　結論から言うと、**資本金は1,000万円未満とした方がよい。**
　その理由はこれから解説するが、「消費税」や「法人住民税均等割」と言った、税金の額と密接に関連する。

①こんな会社は消費税免除。消費税と資本金の深ーい関係

「消費税が免除される場合がある」というのは、前節でご紹介した通りだ。おさらいになるが、新設法人の場合、多くのケースで設立当初2期間は、消費税が免除される。しかし、以下のような規定に引っかかると免税にならないのであった。

I.特定期間の課税売上高が1,000万円を超えた場合等
II.資本金1,000万円以上の場合
III.資本金5億円以上の親会社の子会社となっている場合

　ここではIIとIIIについて解説しよう。

会社設立の際の資本金額の設定のコツとしては、このⅡを頭に入れておいていただきたい。昔の株式会社の最低資本金ラインである1,000万円として設立してしまうと、初年度から消費税課税事業者となってしまうのだ。これを999万円とすれば、設立第1期または1〜2期は消費税を免除される。どっちがいいだろうか？

 間違いなく後者ね

　その通り。また、ひとり会社の場合はレアケースだが、Ⅲのように「大企業の子会社として新設法人を立上る場合」も要注意。この場合も消費税は免除されない。

　前節でご説明したⅠの特定期間要件を回避できたとしても、「第2期開始までに増資をして、資本金1,000万円以上になった場合、第2期から消費税課税事業者」となってしまうので要注意だ。

　つまり、よほどの経営上の必要性がなければ、「増資して資本金1,000万円以上にする」のは、3期目まで控えておきたい。

　以上のことから、「会社設立時の資本金額設定は、1,000万円未満とすべき」だと言える。

②法人住民税均等割と資本金の関係

　前節同様、消費税の次は「法人住民税の均等割」について抑えておきたい。この均等割の金額は、どのように決まるんだったっけ？

 えと、「資本金等の額と従業者数」がキーになるのよね

　そう。標準税率の最低ラインは、「資本金等の額が1,000万円以下であり、かつ、その市町村内の事務所等の従業者数が50人以下」の会社。

　この場合、均等割額が都道府県で年間2万円、市区町村で年間5万円の合計7万円となる。これが資本金1,000万円を1円でも超えると、都道府

県5万円、市区町村13万円の合計18万円になってしまう。

 倍以上の税額か。キッツー

　以上のように、法人税均等割の負担を考慮に入れると「資本金は1,000万円以下」にした方がよいと言える。

　（※ちなみに滅多にない事例だが、資本金が1億円超となると「大企業扱い」となり、中小企業の様々な税制優遇（課税所得800万円以下の部分の法人税率15%の措置等）が受けられなくなる、という大きなデメリットがある。念のためご注意を。もちろん、会社の信用力は高ければ高いほど、融資は受けやすくなるので、資本金が高いほど、融資審査は通りやすくなる面もあるのだが…）

③ひとり会社の資本金は何円がベスト？

「資本金はどのように決めたらいいのか」をまとめよう。ポイントは6つ。

---

①会社法に規定する資本金の最低ラインは、1円
②消費税の節税をしたいなら、資本金は1,000万円未満
③法人住民税・均等割の節税をしたいなら、資本金は1,000万円以下
④中小企業の税制優遇措置を受けたいなら、資本金は1億円以下
⑤会社の規模を大きくして社会的信用力を得たいのであれば、
　資本金はできるだけ大きい方がよい
⑥資金調達時の融資審査を有利にするなら、
　資本金はできるだけ大きい方がよい

　つまり、「資本金は1,000万円未満の範囲で、できるだけ大きくする」というのが、ひとり会社の場合、ベストな可能性が高い。
　もちろん自己資金との相談だが、会社に拠出した資本金はずっと縛られ

るものではなく、事業に活用できる。

　資本金800〜990万円位でスタートして、「消費税免税期間終了後に、1,000万に増資する」というケースも非常に多い。

 えっと、たぶん私は800万円も出せないわ…

　むしろ、そういう人の方が多いだろう。その場合でも、さすがに資本金1万円とか10万円でスタートするのは、社会的信用からもオススメできない。せめて昔の有限会社のように、資本金最低300万円程度でスタートするのが理想だ。それが難しいなら、せめて資本金100万円くらいにはしていただきたい。

零細企業に超脅威
2023年開始のインボイス方式

　2023年10月から開始予定の「適格請求書等保存方式・通称インボイス方式」というものをご存知だろうか？
　インボイス方式の導入は、これまでご説明した「消費税免税」という概念が大きく崩れ去ってしまう可能性があるほど、威力のあるものだ。

インボイス方式（適格請求書等保存方式）とは何か？

　インボイス方式とは、「インボイス＝適格請求書の発行がなければ、控除を認めない」という「消費税の課税方式」だ。
　2023年10月1日以後、「適格請求書発行事業者」以外に対する仕入代金や経費の支払い等について、「仕入税額控除」ができないこととなる。

「仕入税額控除」って何？

　ざっくり説明すると、「会社が預かった消費税（＝仮受消費税）」から「会社が支払った消費税（＝仮払消費税）」を控除することを意味する。

　つまり、会社が仕入先等に支払っている消費税が、「払っていないもの」とみなされるのだ。

 「消費税＝仮受消費税－仮払消費税」の「－仮払消費税」がなくなるの？

　そう。「消費税額＝預かった消費税額」となり、消費税の払い損となる。「適格請求書発行事業者」からの仕入でなければ、納付すべき消費税の負担が大幅に増えるのだ。

　たとえば、図4-6のヒロ社の決算をみてみよう。現在は支払先が誰であろうが、その支払額には「消費税相当10％（または8％）」が含まれているものとして、「仕入税額控除」をすることができる。よって、消費税納税額は5万円となる。ところがインボイス方式導入後は、支払先がA社の

4-6 インボイス方式とは？

◎納付消費税額 ＝ 預かった消費税額 － 払った消費税額
（仕入税額控除）

ヒロ社の決算

売上	本体	（預かった）消費税
110万円	100万円	10万円

免税事業者等に対する支払等は、払った消費税の控除を認めないつまり、払った側の納税額が増えてしまう
本来ヒロ社は納付額5万円でいいのに、10万円の納付となる

A社（免）

仕入	本体	（払った）消費税
55万円	50万円	5万円

預かった消費税	払った消費税	納付額
10万円	0万円	10万円

ように、「免税事業者 ≠ 適格請求書発行事業者」だと、納税額が10万円に膨らんでしまうのだ。

「適格請求書発行事業者」としての登録手続き

図**4-7**の通り、2019年10月1日以降は、②の「区分記載請求書等保存方式」が採用されている。仕入税額控除を受けるための要件として帳簿や請求書等に様々なルールが定められているのだ。「厳格になったものの、過渡期にあたる」と言えよう。

そして、2023年10月1日以降、これがさらに厳格化され、請求書等に「適格請求書発行事業者」としての「番号記載」が求められる。この番号は、税務署の登録を受けた適格請求書発行事業者しか取得できない。

適格請求書等発行のためには申請手続きが必要となり、その申請は2021年10月1日から可能になる。制度開始の2023年10月1日までに適格請求書発行準備を整えるためには、2023年3月31日までに提出が必要なのでご注意いただきたい。そして登録を受けると名称、登録番号、登録年月日等がネットで公表される。

衝撃的なのは、「消費税免税事業者」は、この適格請求書発行事業者としての登録を受けることができないことなのだ。ちなみに課税事業者でも登録を受けていなければ、適格請求書等の発行が不可となるので要注意だ。

4-7 インボイス方式の導入スケジュール

① 2019 年 9/30 以前 ➡　請求書等保存方式

② 2019 年 10/1 以後 ➡　区分記載請求書等保存方式

③ 2023 年 10/1 以後 ➡　適格請求書等保存方式

インボイス方式で免税事業者は激減する

このインボイス方式が導入されるとどのような影響があるだろうか？

図4-8をご覧いただきたい。

この表では、「自社が免税事業者」という前提で、シミュレーションを行う。免税事業者であっても、得意先から消費税を徴収するかどうかは自由だ。

消費税を徴収するとなると、従来は①に示した通り、預かった消費税100万円と支払った消費税50万円との「差額50万円」は、納税不要。益税として、会社の利益になる。

ところが、今後はこれが不可能となる。

免税事業者のまま何もしなければ、適格請求書発行事業者となれない。購入者側であるあなたの得意先は、消費税の負担が増えるのを回避すべく、「消費税を上乗せして、あなたに支払うこと」をおそらく拒否するだろう。

4-8 インボイス方式による影響 (施行後は②か③のいずれかを選択)

①従来の免税事業者 （申告なし）

売上	本体	消費税
1,100万円	1,000万円	100万円

仕入	本体	消費税
550万円	500万円	50万円

預かった消費税	払った消費税
100万円	50万円

× **+50万円**

②インボイス方式開始後の免税事業者 （申告なし）

売上	本体	消費税
1,000万円	1,000万円	0円

仕入	本体	消費税
550万円	500万円	50万円

預かった消費税	払った消費税
0万円	50万円

-50万円

③インボイス方式開始後に、「適格請求書発行事業者」となった場合 （申告あり）

売上	本体	消費税
1,100万円	1,000万円	100万円

仕入	本体	消費税
550万円	500万円	50万円

預かった消費税	払った消費税	納付額
100万円	50万円	**50万円**

○ **±0円**

つまり、預かり消費税はゼロとなる。そうなると、理論上は②のように、「支払った消費税50万円分がマイナス」となってしまうのだ。

これで済めば、まだいい。あなたの得意先が、仕入先等を免税事業者であるあなたではなく、「適格請求書発行事業者である他の会社に変更して、仕入税額控除を取りに行く」、そんな動きも予想される。

つまり、今後は適格請求書発行事業者以外の事業者は、取引から排除される可能性があるのだ。

ではどうすればいいのか？

免税事業者であっても、選択をすれば適格請求書発行事業者となり、消費税課税事業者として消費税の徴収や納付をすることが可能になる。③に示した通り、得意先から預かった100万円から、支払った消費税50万円を差し引いた「残額50万円」を納付することにより、手許の資金残高はプラスマイナスゼロとなる。

免税事業者の場合、今後の選択肢は、②か③のいずれかしかなくなる。どっちがいいのかは明白だ。②のように、手元資金がマイナス50万円となるよりは、③のようにプラスマイナスゼロとなる方がいいだろう。

以上のように、この制度は、零細企業の淘汰につながりかねないのだ。

 なんで、こんな制度を始めるの？

世の中の免税事業者を、どんどん課税事業者へと移行させたいからだ。もちろん政府の狙いは、「益税の解消」。免税事業者が得られた消費税差額（仮受消費税−仮払消費税）は、会社の利益になる。法人税等は課税されるものの、その分の消費税を納める必要は一切ない。これを何とか封じ込めたいのだ。

売上1,000万円以下の状態を意図的に続けて、消費税逃れをする。これは、モラルとしてどうかと思う。しかし個人的にはせめて、起業間もない免税措置の特例は残しておいていただきたいものだ。

― 第4章まとめ ―

I. 会社設立時に決算日と資本金の設定をミスると、余計な消費税や法人住民税均等割を納めることもある。特に、用心せなあかん！

II. 「会社の設立日から決算日まで」はできるだけ長く「1年前後」となるように設定すること。これが、消費税節税につながる。ちなみに、決算日は後でカンタンに変更可能や！

III. 資本金は1,000万円未満でできるだけ大きくする。節税に有利な範囲内で、融資審査での信用力を最大限にするんや！

IV. 2023年から開始のインボイス方式によって消費税の免税制度が実質なくなるらしいで！　ひとり会社は今から対策必須や！

第5章

ひとり社長の節税（基本編②）

「税金弱者」のための
ゼロから教える節税講座

そもそも「経費」って何？

　本章では節税基本編として、節税と脱税の違い等について解説した上で、「お金が残る節税策」、「お金がなくなる節税策」等を一挙公開していきたいと思う。

　まず、「経費」とは何か？　という概念的なお話をしよう。多くの方が勘違いしているので、念を押して説明しておきたい。

①サラリーマンと自営業者「経費概念」のギャップ

「経費で落とせる」とは、どういったことを意味するのか？
　この言葉、サラリーマンと自営業者で、その捉え方が大きく異なる。
　個人事業主や自営業者において、「経費で落とせる」は「税務上、経費計上が可能」という意味。あなたがパソコンを買ったとしても、経費に計上すれば、支出は増えるものの、納める税金は減る。つまり、割引きでパソコンを買ったようなもので、会社のキャッシュは減る。
　一方、サラリーマンの場合、「経費で落とせる」は「会社が全負担してくれる」という意味だ。サラリーマンが「パソコンが経費で落ちた」と言ったら、「パソコン代全額を会社が負担してくれた」という意味になる。

 サラリーマンの経費は、税法よりも社内ルールの問題なのね

　その通り。一方、個人事業主等の経費は、税法上の問題だ。

②これは経費で落ちません！　これは経費で落とせます！

　では、具体的にどういった支出が、税務上の経費として認められるのか？

法人税法上の経費の正式名称は「損金」と言い、法人税法第22条にて次のように規定されている。

> **法人税法第22条**
> 内国法人の各事業年度の所得の金額の計算上当該事業年度の損金の額に算入すべき金額は、<u>別段の定め</u>があるものを除き、次に掲げる額とする。
> 一　当該事業年度の収益に係る売上原価、完成工事原価その他これらに準ずる原価の額
> 二　前号に掲げるもののほか、当該事業年度の販売費、一般管理費その他の費用（償却費以外の費用で当該事業年度終了の日までに債務の確定しないものを除く）の額

　法律の条文と言うものは全てが読みにくく非常にわかりにくいかもしれないが、ようは「経費＝売上に対応する売上原価、その年の販売費、一般管理費（つまり固定費）」等のことを意味すると考えればよい。これが原則であり、他に下線部の「別段の定め」として特例を定めているのだ。

　「別段の定め」と言われても困るわ

　わかりやすい具体例として、次ページ**図5-1**があるので、参考にしていただきたい。

　○印のついたものは、100％経費として計上しても問題ないが、△印のものは仕事とプライベート兼用であるため、合理的な基準をもとに按分計算が必要となる。

　そして×印がついたものは、経費性がなく1円も経費として認められない。どこかの芸人さんのように、この×印のついたものを含めて、「何でもかんでも経費に落とす」ということのないよう、ご注意いただきたい。

　徳○さんね……ファンだったのに、残念だったわ

◎事業との関連性の有無が大事！

1	商品仕入代	○
2	携帯電話代	△
3	書籍代等	○
4	PC、タブレット代等	○
5	兼用の車購入費（減価償却費）ガソリン代、車両保険、税金等	△
6	自宅オフィス家賃	△
7	飲み代	△
8	スーツ代、腕時計代等	×
9	領収書も取れない闇団体への支払い等（使途秘匿金）	×

「節税・申告漏れ・脱税・
租税回避行為」4つの違い

「何が経費に落ちて、何が落ちないのか」は、何となくご理解いただけたかと思う。次に、「何が『節税』で何が『脱税』になるのか？」この境界線について解説をしよう。

　似たような意味として、世間でよく使われる「申告漏れ」や「租税回避行為」の意味についても解説をする。（図5-2）

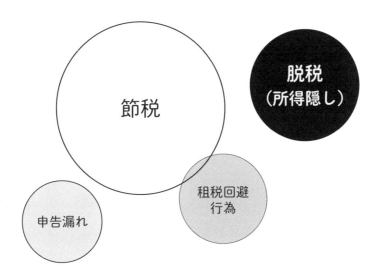

①「節税」は完全ホワイト

節税とは、「各種の所得控除や非課税制度を活用して、税金の軽減をはかること」と「広辞苑」で定義されている。

つまり、節税とは、法人税法や消費税法等、各種税法に 則 った合法的なもの。「合法的に税金を減らすこと」を意味するのだ。

 色で言えば完全ホワイト・純白なものね

そう。とは言え、合法だからと言って「節税をいくらでもすればいい」というものではない。

一見合法でも次項で解説する「租税回避行為」として否認される場合もある。また、節税をやり過ぎて、資金繰りが悪化したり、財務体質低下につながることもある。

このような「節税の弊害」に注意しながら、実施すべきだ。

②「申告漏れ」はミス、「脱税」は故意

「申告漏れ」とはどんな行為を意味するのだろうか？

それは、売上や経費の計上ミス、計算誤りや、申告書記載のケアレスミスが原因で、申告書を提出し直したり、税法の解釈の相違等により修正申告をしたりすること等を意味する。

 つまり、故意ではなく「ミス」なのね

その意味合いが強い。ミスの原因は、大手企業の場合、経理担当者にあるかもしれない。一方、零細企業の場合、会計事務所担当者や税理士であるかもしれない。ケースにより様々だ。

修正申告に関するペナルティーは発生するものの、そこまで重たい負担がかかるものではない。

では、「脱税」とはどのような行為なのか？『広辞苑』では「納税義務者が義務の履行を怠り、納税額の一部または全部を逃れる行為」と定義されている。

具体的には、二重帳簿による取引の仮装や隠蔽、意図的な売上除外や、架空経費の計上が、よくある脱税行為だ。

 「故意」「意図的」。色で言えば完全ブラック・暗黒色ね

だから税務調査において脱税が発覚すると、通常のペナルティーに代えて、「重加算税」という非常に重たいペナルティーが課せられる。（だからと言って、即逮捕、となるわけではないが）

③「租税回避行為」はグレー

「租税回避行為」と言う言葉を、耳にされたことはあるだろうか？

一見、脱税のように聞こえるが実はそうではない。以前、「Wikipedia」

では、次のように説明されていた。

> 脱税、節税と似ているが異なるものに、租税回避がある。これは、私法の形成可能性を利用した行為であり、一般的に次のような要件を満たす行為と説明される。
>
> ・通常の取引では用いないような異常な取引形態を使う。
> ・その異常な取引形態によっても通常の取引と同様な経済的効果が得られる。
> ・その異常な取引により税負担を減少させることができる。

つまり、租税回避行為は違法なものではない。**合法は合法なのだが、"通常ビジネスを営んでいく上ではあり得ないような経済取引"を行い、その結果、"税金が減少するようなもの"を意味するのだ。税務調査にてこれが発覚すると、否認されることも多々ある**ので、要注意だ。

 脱税ではないけど、「普通に計算した税金を払えや」となるのね

中には、某大手携帯電話会社が得意とするような、法の網の目をくぐるような、非常によく練られた高度なものもある。色で言えばグレー。グレーゾーンに、この租税回避行為は位置する。

④「脱税ペナルティ」は会社が潰れるほどの破壊力

私は税の専門家として、必要な節税はオススメするが、脱税はそうはいかない。安易な気持ちで脱税をしてはいけない！
次のような様々な大きなデメリットがあることを、肝に銘じておいていただきたい。

○3つの大きな罰則あり。延滞税＋加算税＋刑事罰（10年以下の懲役・1,000万円以下の罰金）

○会社やお店、社長自身のイメージや好感度ダウン

○それに伴う売上減少

「申告漏れ」で税務調査時に指摘を受けて修正申告した場合、「延滞税」という延滞利息のような税金と合わせて、「過少申告加算税」というペナルティーが課せられる。これが、追加徴収の税額本体の10〜15％相当になる。

脱税行為の場合、この過少申告加算税の代わりに、「重加算税」というペナルティーが課せられる。税率は35〜45％まで跳ね上がり、非常に負担が重たくなるのだ。

図5-3は国税庁公式ホームページの資料。脱税事件として刑事告発される基準は、脱税額にして大体1億円程。

5-3 国税庁HP・平成30年度査察の概要より

（1）着手・処理・告発件数、告発率の状況

項目 ＼ 年度	平成26	平成27	平成28	平成29	平成30
着手件数	194件	189件	178件	174件	166件
処理件数（A）	180件	181件	193件	163件	182件
告発件数（B）	112件	115件	132件	113件	121件
告発率（B/A）	62.2%	63.5%	68.4%	69.3%	66.5%

（2）脱税額の状況

項目 ＼ 年度		平成26	平成27	平成28	平成29	平成30
脱税額	総額	14,975	13,841	16,106	13,509	13,999
	同上1件当たり	83	76	83	83	77
	告発分	12,346	11,204	12,692	10,001	11,176
	同上1件当たり	110	97	96	89	92

（単位：百万円）

※脱税額には加算税額を含む。

ひとり会社の利益率等を考えると、あり得ない数字かもしれないが、安心してはいけない。<u>告発に至らなくとも、重加算税等の課税により当初納付すべきであった税額が、1.5倍近くに膨らむ。</u>

　また、運営する店舗や会社、商品、そして社長自身のイメージまで大きく低下することになる。その影響で<u>仕事が減少して売上減、利益減、資金繰り悪化へとつながる</u>場合もある。国税と言う組織をナメてはいけない。彼らは、1つの会社なんてカンタンに潰してしまう程の力と権利があるのだ。読者の皆様は脱税に手を染めることなく、上手に節税対策することをオススメしたい。

「お金がなくなる節税」
具体的な活用事例７つ

　ここからは、節税策についてより詳しく解説していこう。まずは、「節税の優先順位」について知っていただきたい。

　大きく分けると、節税には2種類あると言った。何と何か覚えてる？

　「お金がなくなる節税」と「お金が残る節税」

　正解！　一般的に節税と言えば、「キャッシュアウト＝現金支出」を伴うものが多い。つまり、「お金がなくなる節税」の方が多いのだ。「お金がなくなる節税」に精を出すのは、本末転倒。<u>事業用投資の予定が何もなければ、基本的に「お金が残る節税」を優先</u>していただきたい。

　次章で詳しく解説するが、保障や貯蓄を行いながら節税したりできる「スグレモノの節税策」も存在する。

　ここでは先に、「お金がなくなる節税」の具体的活用事例を解説しよう。

第５章　「税金弱者」のための　ゼロから教える節税講座　　**101**

①商品券の大量購入は効果ある？

「決算前に商品券をたくさん購入すれば、節税ができるのか？」

これはよく聞かれる質問だが、残念ながら答えはNo。「決算直前に購入すれば経費になるもの・ならないもの」を表にまとめたので参考にしていただきたい。（**図5-4**）

商品券だけでなく、収入印紙、切手、回数券やプリペイドカード等も、**購入するだけでは経費に落ちない。消費して、初めて経費になる**のだ。

なお、商品券については次の通り。その使用用途により税務上の取扱いが異なる。「使用したとしても経費に落ちない」こともあるので、注意が必要だ。

5-4 購入して経費になるもの・ならないもの

経費性	項目
経費になる	① 一定金額以下の減価償却資産（事業供用必須） ② 一定要件を満たした下記の消耗品等 ・事務用品：紙、ホチキス針等 ・作業用消耗品、包装資材等：タオル、ブラシ、包装紙等 ・広告宣伝用印刷物：チラシ、カタログ、パンフ、広告用ティッシュ等 ・見本品、試供品、サンプル等
経費にならない	① 商品、材料等 ② 一定金額以上の減価償却資産等 ③ 収入印紙、郵便切手、回数券、プリペイドカード等 ④ 商品券

> Ⓐ自社の経費支払のために使用：経費に落ちる
>
> Ⓑ社長のプライベートのために使用：経費に落ちない（役員賞与）
>
> Ⓒ従業員に配布：給与（経費に落ちるが、源泉徴収が必要）
>
> Ⓓ取引先に配布：接待交際費
>
> Ⓔ不特定多数に宣伝目的で配布：広告宣伝費
>
> Ⓕ未使用：経費に落ちない（貯蔵品として資産計上）

　特にやっかいなのがⒷ。社長個人使用なので当然ながら経費性はなく、その上、一般的に「役員賞与」扱いとなる。社長個人に対する給与とみなされ、源泉徴収が必要となるわけだ。つまり、経費で落ちないから法人税がかかるうえ、個人としては、所得税や住民税が課税され、社会保険料も取られる。「二重課税」と言われ、これは避けたいところだ。

　Ⓒのように、従業員に配布する時は経費になるものの、給与等とみなされ、社員から源泉徴収が必要になる。給与は金銭だけに限らず、こういった商品券や物等の「現物給与」も含まれるので、ご注意を。

　ⒹやⒺのように社外の人間に配布するのは節税になるが、「どこの会社の誰に渡したのか」を記録しておき、「証拠書類」を残しておこう。

②「消耗品」節税の有り難い特例

　前ページ図5-4にもあるが、事務用品や作業用消耗品、広告宣伝用印刷物、サンプル品等も商品在庫同様、残ったものは経費に落とせない。あくまで消費しないと、経費にならないのだ。

 えー、めんどくない？　イチイチ余った数を数えないといけないの？

　みんなそう思うよね。だから、これには税務上の特例がある。次の3つの要件を全て満たした場合に限り、購入年度の経費に落ちるのだ。

　つまり、決算直前の購入でも、節税が可能になるということ。

Ⓐ毎年おおむね一定数量を購入するものであること

Ⓑ毎年経常的に消費するものであること

Ⓒこの処理方法を継続して適用すること

　ようは、年度によって購入したりしなかったりすると、この規定は適用されないので注意。しかし、棚卸（在庫を実際に数えること）という面倒な作業を省略することができる、有難い特例なのだ。

③減価償却の節税は「財務状態の把握」が前提

法定耐用年数

「減価償却って何？」

　これも非常によく聞かれる質問である。事業のために長期間使用される建物、付属設備、機械、器具備品、車両等の固定資産は、一般的に時の経過等によってその価値が減少する。

　古くなっていくからね

　これらを「減価償却資産」と言う。

　この減価償却資産については、購入して使い始めたとき（事業供用日）に、全額を一括で経費に落とすことができない。その資産の「使用可能期間」にわたり、「分割して経費に計上する」という、独特のルールがあるのだ。このように、「その資産の取得に要した金額を、一定の方法によって数年間の経費として費用配分する手続き」のことを「減価償却」と言う。

　「使用可能期間」はどう決めるの？

　それにあたるものが、「法定耐用年数」というものだ。たとえば「木造の住宅用建物」であれば22年等、「一般の乗用車」であれば6年等、という具合だ。

償却費の計算方法「定率法」「定額法」

また、償却費の計算方法にも様々なものがある。代表的な「定率法」と「定額法」の計算イメージを、図5-5に示しておく。

定率法とは、「帳簿価格（取得価額から償却費累計額を控除した金額）」に、「一定率（償却率）」をかけて計算する方法である。

一方、定額法とは、「耐用年数」に応じて、「毎月均等」に費用配分する方法。

 言葉で言われてもサッパリだけど、図を見ればわかるわ

定率法の場合、設備導入初年度は償却費が大きく、年数が経つと徐々に償却費が小さくなる。この両者は、必ずしも自由に選択できるというわけではない。

たとえば、「平成10年4月1日以後に取得した建物」の償却方法は、定額法（または旧定額法という昔の定額法）のみ。加えて、「平成28年4月1日以後に取得した建物附属設備等」も、定額法のみとなる。それ以外の

5-5 減価償却費とは?

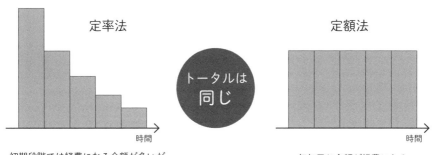

定率法

初期段階では経費になる金額が多いが、
終盤は逆に少なくなる。

トータルは
同じ

定額法

毎年同じ金額が経費になる。

原則 定率法　特例 定額法

減価償却資産については、法人税法の原則では、定率法だ。

 原則は定率法、特例で定額法ね

　ちなみに、変更の届出をすることによって、定額法への変更も可能となっている。なお、土地や骨とう品等のように、「時の経過により価値が減少しない資産」は、減価償却資産とはならない。1円も償却することができず、経費化はできない。

減価償却の「特例的扱い」とは？

　この減価償却については、「特例的扱い」がある。

　30万円未満の固定資産、たとえばパソコンやエアコンなどを買ったときにあてはまる事例だ。

　図5-6をご覧いただきたい。これらについて補足をする。

5-6 減価償却の特例的扱い

原則（30万円以上）	耐用年数で減価償却
A.　　10万円未満	無条件で全額損金
B.　　20万円未満	一括償却資産として1／3ずつ3年間で損金算入
C.　　30万円未満	例外的に全額損金算入が可能（青色申告必須）

AとBは、償却資産税（固定資産税）の申告対象外。
原則とCは、償却資産税の申告対象。

※Cは年間の取得価格の合計額が300万円が限度。

A.少額減価償却資産

「取得価額10万円未満のもの」、または「使用可能期間が1年未満のもの」は、「その取得に要した全額」を、業務の用に供した年度の経費として計上可能。

B.一括償却資産

「取得価額20万円未満」であれば、申告書に記載することで、「一括償却資産」として、3分の1ずつ3年間にわたって均等に経費計上が可能。

C.中小企業者向け特例・少額減価償却資産

資本金1億円以下等一定の要件を満たす、青色申告者限定の特例。取得価額30万円未満であれば、申告書に記載することで、業務供用年度に全額経費計上が可能。ただし、「その年度で300万円まで」という限度額あり。

以上のように、比較的少額である資産を購入して事業供用すれば、特例が適用され、節税効果が高くなるかもしれない。

ただし、Cを選択した場合、通常の減価償却資産と同様、「償却資産税」（設備等にかかる固定資産税の一種）が課税されるので、ご注意を。

30万円未満の固定資産を買って、一定の要件を満たした場合、A．B．Cのいずれを選択するべきか迷うわけだが、あなたの会社状況で次のことをまずは確認してほしい。

すなわち、「黒字なのか？　赤字なのか？」だ。

黒字で節税が必要であれば、全額経費処理すべきだ。しかし、赤字であれば、通常の減価償却費として、来期以降に費用配分をした方がいい。

その会社の置かれている状況次第で、答えは異なる。

そして、会社の状況を把握するためには、月次決算を組んで、毎月の試算表を常時確認できるようにしておかなければならない。

 なるほど。財務状況の把握は、「効果的な節税」と直結しているのね

④「4年落ちの高級外車」の事例から「定率法償却率」を説明

　中小企業経営者からよく聞かれるのが「4年落ちの高級外車を買えば、節税ができておトクなのか？」と言う質問。これについての答えは、節税に限って言えばYesだ。しかし、注意すべき点がたくさんあるので、解説しよう。

　期首（事業年度の初日）に車を買って事業供用した場合、初年度の減価償却費の金額について、3パターンをシミュレーションした。（**図5-7**）

　車体価格はいずれも500万円として、Ⓐ新車で購入した場合、Ⓑ3年落ちの中古車を購入した場合、Ⓒ4年落ち以上の中古車を購入した場合で、それぞれ減価償却費を定率法により計算した。

　結果は一目瞭然！　Ⓐは通常通りの償却で初年度償却費として経費に計上できるのは1,665,000円。一方、ⒷやⒸの場合は中古資産であるため、

5-7　中古の固定資産の購入

◎「節税には4年落ちの高級外車」と言われる理由

	経過年数	耐用年数	償却率 （定率法）	初年度償却費
Ⓐ新車 500万円	0年	6年	0.333	1,665 千円
Ⓑ中古 500万円	3年	3年	0.667	3,335 千円
Ⓒ中古 500万円	4年以上	2年	1.000	5,000 千円

※上記例は期首月に購入したケースであり、それ以外の場合は月数按分する必要あり。

税務上の耐用年数が短縮されるのだ。それぞれ3年、2年での償却計算となる。Ⓑの償却費は3,335,000円であり、Ⓒはなんと5,000,000円！ 全額が計上可能なのだ。

 えっ！ 何でそうなるの？

　このカラクリは、法定耐用年数に基づく定率法償却率にある。耐用年数6年の場合、定率法償却率は0.333である。対して、耐用年数2年の場合、定率法償却率は1.000となるのだ。

 普通乗用車の耐用年数は6年だから、4年落ちの中古車だと残り2年ね

　そう。つまり、100％全額償却が可能になる。（なお、年度の途中での購入の場合、月割計算が必要となる）

　以上のように、新車で購入するよりは中古車を購入した方が、初年度での節税効果が圧倒的に有利になる。

　しかし、強調しておきたいのは、**トクになるのはあくまでも税務面、それも「購入初年度の節税だけ」を考えた時だけ有利になる**点だ。下記のように「トータルコスト」も考慮に入れるべきだろう。

〇初年度の償却費には大きな差があるが、結局経費に落ちる総額は、Ⓐも
　ⒷもⒸもトータル500万円
〇年数落ちが進んだ車であればあるほど、購入後に多額の修理費用が発生
　する可能性が高くなる

　ひとり会社に限らず、会社経営は、決して「節税が全て」ではない。皆さんの目的は、円滑にひとり会社を経営して、利益を獲得すること。その円滑な経営に必要そうであれば、節税対策を検討する。順序を間違えてはいけない。

 つまり、「経営が先。節税は後！」や

もしあなたがボロボロの中古車を買って、その後に修理コストが発生した場合、当然ながらそれは経費となる。節税は可能だが、キャッシュは減る。どちらが良いのか、は言うまでもないだろう。

ちなみに、購入ではなくリースの場合、支払ったリース料が経費に落ちる。シンプルでわかりやすい。しかしながら、リース料には金利や税金が含まれるため、トータルのコストは高くなることを覚えておこう。

なお、車購入の際、融資を活用することも多いだろう。自動車ディーラーのオートローンを使う人も多いが、一般的に金利が高いものが多く、あまりオススメできない。それなら、メインバンクに相談しよう。一般の設備投資資金として、銀行等からさらに低利で融資を受けることも可能だ。金利コストを削減できる可能性が高いので、オススメする。

⑤減価償却のおいしい特例制度「特別償却＆税額控除」

減価償却には、節税効果の大きな「特例制度」がある。それが「特別償却」と「税額控除」だ。大規模な設備投資を実施する場合、検討したい。

Ⓐ**特別償却**（＝減価償却の前倒し）

通常通りに計算した減価償却費に、一定金額（設備投資額の30％等）を加算して「2年目以降の償却費を、設備投資初年度に先取りできる制度」である。初年度は、利益が圧縮されることにより節税が可能。しかし、2年目以降は償却費が減少するため、税額が増加してしまう。初年度の節税効果は高いものの、納付すべき税金を先送りした「課税の繰延」に過ぎない。

Ⓑ**税額控除**（＝永久免税制度）

算出された税額から、投資額の一定割合が控除される制度。減価償却費自体の計上はそのままであるため、2年目以降の償却費が減少しない。償却費とは別に、「プラスアルファの控除」を認める制度であり、課税の先延ばしではなく、永久的な節税効果がある。

じゃあみんなⒷを選ぶでしょ？

　しかしながら、設備投資初年度は「資金繰り悪化」が見込まれることが多い。**初年度だけでも大きく節税したいのであれば、Ⓐの特別償却も有効となる。**

　具体的に「どんな設備を導入すれば、これらの適用ができるか？」は、以下の⑥や⑦で解説するとして、先に注意事項を述べておく。節税効果が高い分、下記のように、検討しなければならない事項が多い。気を付けよう。

○対象資産等の適用要件が複雑。かつ頻繁に税制改正が入る
○特別償却と税額控除は併用不可。どちらか1つを選択
○中古資産は適用不可
○決算日までに購入しただけでは適用不可。事業供用することが必須

⑥減価償却特例制度の定番「中小企業投資促進税制」

　中小企業投資促進税制とは、一定金額以上の機械等を購入して、事業供用した場合、「取得価額の30％の特別償却」または「算出された税額から、取得価額×7％の控除」が行われる、というもの。特別償却・税額控除制度で定番のもので、中小企業で一番よく使われている節税策だ。

これも「7％の控除」を選んだ方が、トータルでトクなのかしら

　結論から言うと、そうだ。次ページ**図5-8**の下線が引かれた計算式で、シミュレーションしてみよう。たとえば、ある製造業を営む中小企業が、対象資産となる「500万円の機械」を導入した場合、特別償却額は「500万円×30％=150万円」。普通償却費とは別に、この150万円を経費計上できる。法人税率30％の場合、節税効果は約45万円（150万円×30％）。

　一方、税額控除を選択した場合の節税効果は、「500万×7％=35万円」。

対象業種	不動産業、娯楽業等以外
適用可能期間	2021 年 3 月 31 日までの、対象資産を事業供用した日を含む事業年度
対象法人	資本金 1 億円以下等の青色申告をする一定の中小企業 ※税額控除に関しては資本金 3,000 万円以下
対象となる資産 （新品のみ）	・1 台 160 万円以上の機械装置 ・1 台 120 万円以上の測定工具・検査工具 ・取得価額 70 万円以上のソフトウェア　ほか
特別償却額	**取得価額× 30%**（※船舶は取得価額× 75% × 30%）
税額控除額	**取得価額× 7%**（※税額控除前の法人税額× 20% が限度）

 こっちは「税額から控除」だから、35万円そっくり節税効果になるのね

　そう。と言っても、特別償却額と比較するとやや少額であり、設備導入初年度だけを見ると不利かもしれない。しかし、減価償却できるトータル金額は、どちらを選択しても 500 万円。法人税等の率を30%として、この設備の生涯にわたる、節税額を算出すると次のようになる。

○「特別償却」を選択した場合の節税効果
　⇒500万（減価償却トータル額）×30%（法人税）＝**150万円**
○「税額控除」を選択した場合の節税効果
　⇒500万×30%＋35万円（500万×7%）＝**185万円**

キャッシュに余裕があるなら、税額控除を選択するべきだろう。

⑦多額の設備を即時償却「中小企業経営強化税制」

さらに償却特例制度の中で、もっとも節税効果の高い特例がある。これ

を「中小企業経営強化税制」と言う。特別償却と税額控除のいずれかの選択制だ。特別償却を選択した場合、100%償却、つまり「即時で設備投資全額が経費に落ちる」という驚異的なものなのだ。

この税制の適用を受けるためには、「中小企業等経営強化法に規定する経営力向上計画」（通称経営力向上計画）の認定を受けておく必要がある。「経営力向上計画」とは、2016年からスタートした制度。対象は、資本金10億円以下や従業員数2,000人以下等の条件を満たした中小企業。それらの会社が、特定の書式に基づいて事業計画書を策定すれば、業種に応じた所管の省庁から認定を受けることで、優遇税制や金融支援などの特典を受けられる、というもの。経済産業省認定の会計事務所や、商工会議所等の支援機関のサポートを受けて策定するのが一般的だ。

115ページ**図5-9**の説明をしよう。

中小企業経営強化税制の対象となる資産を、「特定経営力向上設備等」と言い、「生産性向上設備（A類型）」と「収益力強化設備（B類型）」の2種類がある。この税制適用を受ける場合、「その設備投資が経営力向上に資すること」を証明をする必要がある。A類型の資産の場合、工業会等から、以下2つ両方を証明する書類が必要となる。

---

①販売が開始されてから、「機械装置：10年以内、工具：5年以内、器具及び備品：6年以内、建物附属設備：14年以内、ソフトウェア：5年以内のもの」であること。

②「旧モデル比で経営力向上に資する指標（生産効率、エネルギー効率、精度等）」が「年平均1%以上向上しているもの」であること

一方、B類型のように証明書が出ない資産の場合、自社で投資計画（「年平均の投資利益率が、5%以上となる」ことが見込まれる投資計画）を策定し、経済産業局にて確認を受ける必要がある。

なお、先述した「経営力向上計画」の申請は、原則として「設備取得前」に申請＆認定を受ける必要があるが、「設備取得から60日以内」に申請を

しても良い。

　さらに注意すべき点は、経営力向上計画の認定は、「事業年度末までに取得していなければならない」ということ。計画の申請から認定まで約1か月かかるため、決算直前の設備投資は間に合わないかもしれない。この税制適用を受ける場合、早期の段取りをして進める必要がある。

　以上のように、特別償却だと即100％の経費化ができる本制度は、中小企業投資促進税制と比較しても、その節税効果は大きい。その分、「手続きが非常に大変」というデメリットもあるので、実行するなら計画的に。

 質問。これも控除を選んだ方が、トータルではトクなのよね

　これも考え方は、先の中小企業投資促進税制の場合と同じ。全く同じ数字を使って、説明しよう。たとえば、ある製造業を営む中小企業が対象資産となる500万円の機械を導入した場合、特別償却額は500万×100％=500万円。普通償却費は、この一回で終了となる。法人税率を30％とすると、節税効果は約150万円となる。

　一方、税額控除を選択した場合、節税効果は500万×10％=50万円。特別償却額と比較するとやや少額であり、設備導入初年度だけを見ると不利かもしれない。しかし、減価償却できるトータル金額は、どちらを選択しても500万円と変わらない。法人税等の率を30％として、この設備の生涯にわたる、それぞれの節税額を算出すると、次のようになる。

○特別償却を選択した場合の節税効果
　⇒500万×30％ ＝150万円
○税額控除を選択した場合の節税効果
　⇒500万×30％＋500万×10％ ＝200万円

　トータルで見るならば、この税額控除の50万円という金額は大きくないかもしれない。しかし、永久免税となる金額であることを考慮すると、圧倒的に「税額控除が有利」と言える。

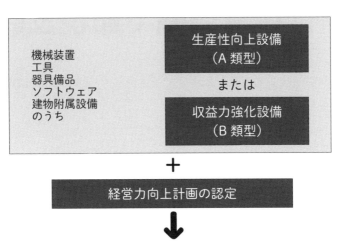

機械装置
工具
器具備品
ソフトウェア
建物附属設備
のうち

生産性向上設備
（A 類型）

または

収益力強化設備
（B 類型）

＋

経営力向上計画の認定

即時償却 または 税額控除

区　分	中小企業者等 （資本金 3,000 万円超 1 億円以下の法人）	特定中小企業者等 （資本金 3,000 万円以下の法人）
特別償却	即時償却	
税制控除	取得原価×7 %	取得原価×10%

対象業種	電気業、娯楽業等以外
適用可能期間	2021 年 3 月 31 日までの、対象資産を事業供用した日を含む事業年度
対象法人	資本金 1 億円以下等の青色申告をする一定の中小企業
対象となる資産	新品の特定経営力向上設備等である生産性向上設備・収益力強化設備 （貸付用以外） ・1 台 160 万円以上の機械装置 ・1 台 30 万円以上の工具・器具備品や 60 万円以上の建物附属設備 ・取得価額 70 万円以上のソフトウェア　ほか

「お金が残る節税」
まずは役員報酬で節税＆貯蓄

　次に、「お金が残る節税策」について解説しよう。お金が残る節税策には、次のようなものがある。

●役員報酬

●非常勤役員報酬

●生命保険

●中小企業倒産防止共済

●小規模企業共済

●出張旅費日当

●社宅家賃

●企業型401K

●決算変更他

　いずれも、節税を考えるならオススメしたいスグレモノばかりだ。本節では、このうち役員報酬を解説し、残りは次章にて詳述する。

　個人事業主は、「自分の給与」と言う概念がないため、給与を取って節税するということはできない。個人事業である限り、「事業で最終的に得られた儲け＝事業主の給与」となり、この式を変えることはできない。

　一方、法人税には、「社長の給与」として「役員報酬」という概念がある。法人から役員報酬という給与を、社長自身に支給することが可能なのだ。

　これは、「法人」と「その法人の代表である社長個人」とは別人格であるからこそ、なせるわざ。

　もちろん、ひとり会社のひとり社長であったとしても支給可能だ。（「不相当に高額でない」等の条件を満たさなければ、経費性を否認されてしまうこともあるが）

法人の場合、この役員報酬をうまく活用すれば、所得税の超過累進税率を緩和できて、節税が可能になる。

事業で得られた利益を、法人と個人に分散することで節税できるのだ。このメリットは非常に大きい。

なお、役員報酬等のように、個人の給与所得となるものは、個人事業主の事業所得と異なり、所得税の計算上、「概算経費の控除」が認められている。これを「給与所得控除」と言う。（図5-10）

個人事業主はこの給与所得控除は使えないが、法人化することによって

5-10 給与所得控除額の速算表

給与収入金額	給与所得控除額
162.5万円以下	**55万円**
162.5万円超180万円以下	収入金額×40%−10万円
180万円超360万円以下	収入金額×30%＋8万円
360万円超660万円以下	収入金額×20%＋44万円
660万円超850万円以下	収入金額×10%＋110万円
850万円超	**195万円**

◎収入850万円超でも次のいずれかに該当する人はその850万円を超える部分の10%（MAX15万）を、さらに控除可能

∥

所得金額調整控除

・本人が特別障害者
・23歳未満の扶養親族がいる
・特別障害者である同一生計配偶者又は扶養親族がいる

節税が可能となる。（上限金額設定があり、現行税制では給与年収850万円以上は、一律195万円の給与所得控除額となる）

シンプルに言えば、<u>個人事業主から会社経営者に切り替えるだけでこの概算経費が使える</u>、という意味だ。このメリットは、非常に大きい。

 法人化の節税メリットって、本当にスゴいわね〜

しかしながら、<u>多額の役員報酬を取るのは注意。所得税の超過累進税率の影響を受けてしまい、法人・個人のトータルの税負担で、損をしてしまう可能性もある</u>。税額シミュレーション等を行った上で、検討することだ。

①役員報酬を経費に落とすための2大要件

まず、会社設立直後に「役員報酬」、つまりひとり会社の代表者であるあなたの給与を決める必要がある。

法人税法上、<u>役員報酬を経費に落とすためには様々な要件がある。その中でも、中小企業にとって影響の大きなものを2点ご紹介する</u>。それは、

A）定期同額であること

B）不相当に高額でないこと

のいずれも満たすことだ。

 A）の「定期同額」って何？

原則として、「<u>事業年度の途中で、報酬金額を変更できないこと</u>」を意味する。業績が順調で予想以上の利益が出たからと言って、期中で役員報酬を増額しようとしても、最悪の場合、税務否認されてしまう。逆もしかりで、減額も不可だ。（ただし、業績不振等の条件を満たせば、役員報酬の減額は可能）

役員報酬の改定ができるのは、原則として事業年度開始から3か月以内。

「新事業年度開始のたびに、一度だけ改定が可能である」と考えていただきたい。毎期、新事業年度開始前に、損益シミュレーションを行った上で決定するのがベストだ。

役員報酬の金額決定は、通常株主総会にて決議される。おかしな話だが、ひとり会社であれば、自分一人で議事進行から決議まで行う必要がある。

 何それ？　どうすればいいの？

議事録のひな形がネットでダウンロードできる。それに書き込み、押印をして、保管すればOKだ。

税務調査においては、この総会議事録の整備が非常に重要になる。

また、役員報酬未払の状態が長期間続くと、「実体がないもの」として否認される可能性がある。毎月決められた日に、支給することを心がけよう。

 B) の「不相当に高額でないこと」って何？

同業他社や会社の利益状況等を踏まえた「世間相場」から、あまりにかけ離れている場合、経費否認されるケースもあるので要注意だ。

しかしながら、業務の全ての責任を負う代表社長（代表取締役や代表社員）の役員報酬が、経費否認される事例は極めてマレ。

一方、会長職等の非常勤役員で出社日が極端に少ない割に、高額な役員報酬を取っている場合、税務否認リスクが高いので、ご注意いただきたい。

また役員報酬については、受取る社長個人側の税金を忘れてはいけない。役員報酬は、会社経費となって節税効果がある。反面、受取る個人側では給与所得だ。つまり、所得税や住民税が課税され、社会保険料もかかる。

 は〜、法人の税負担は小さくなるけど、個人の税負担は大きくなるのね

その通り。個人の税負担割合は、「その給与収入や所得金額が大きくなればなるほど、重くなる」ため、バランスを考えることが大切なのだ。

②なぜ、ひとり社長は「賞与」を取ってはいけないのか?

「社長は賞与を取ることができない」と聞いたことがある人は、多いのではないだろうか? 果たして本当にその通りなのだろうか? 答えは、厳密に言えばNoである。

実は会社法上、役員である社長が、賞与を取ることは禁じられていない。

ではなぜ「賞与を取ることができない」と言われているのだろうか? それは法人税法上、役員賞与は原則として損金不算入、つまり「経費に落ちないこと」が規定されているからなのだ。

会社から賞与としてお金が出ているのに経費で落ちず、法人税の課税対象となる。かつ、社長個人には、所得税、住民税が課税され、社会保険料もかかる。二重課税となり、資金繰りに悪影響を及ぼしてしまう。税務上の様々な取扱いの中でも、「最悪の部類」に該当する。そんな理由があり、「社長は賞与を取ることができない」と言われている。

 金券を社長に与えた場合も、二重課税だったわね〜

「事前確定届出給与」とは何か?

しかしそんな役員賞与にも、特例がある。「事前確定届出給与」という制度を活用すれば、社長でも賞与を取ることができ、かつ経費に落とすことができる。この制度がスタートしてすでに10年を超えるのだが、実はいまだに知らない人が多い。

 へ〜、そんな素晴らしい特例なのに……

具体的には、「事業年度開始4か月以内」か、「総会決議の日から1か月以内」の、比較していずれか早い日までに、税務署に対して「何月何日に、誰がどれだけの賞与を取るのか」を事前に届出する。(設立初年度は「設立日から2か月以内」)

そして、その届出書記載日に、記載金額通りの支給をすれば、その役員

賞与の経費化が確定する。

　ただし、**支給日や支給金額が異なる場合、「1円たりとも経費として認められなくなる」という非常に厳しい制度なのだ。届け出の必要性とあいまって、イザという時の節税にほとんど使えない。**それが、この特例がイマイチ広まっていない理由だろう。

③役員報酬の「金額設定」のコツ

「役員報酬っていくらにしたらいいの？」

　これも起業して会社設立をする人から、よく聞かれる質問だ。本項では、役員報酬を設定するコツについて解説しよう。

　役員報酬を決める際、次の2点を考えて決めていただきたい。

A）自分や家族が生活したり、貯蓄したりするのに足りる金額かどうか？
B）会社の税金と個人の税金が、トータルで最小化するようシミュレーションする

 まずはA）についてね

　社長の役員報酬をゼロとして設定することは、税務上何の問題もない。（融資審査では生活費の説明がつかないため、悪印象は起こるものの）

　しかし、それでは日々の生活はやっていけない。

「生活費を会社のお金で賄えばいいのでは？」と思うかもしれないが、絶対避けていただきたい。

　この場合の経理処理は社長に対する「貸付金」となり、返済がないままであれば、役員賞与として認定されるリスクがある。

 げ、二重課税の最悪税務取引ね

　さらに、「貸付金＝実体のない資産」として、融資審査においてもマイナスになる。良いことは、何もないのだ。

たとえひとり会社であっても、会社と個人のお金は別物であり、区分して管理するべきだ。

さて、話を「役員報酬の金額設定」に戻そう。ファイナンシャルプランナー的な話になるが、まずは<u>家族の生活費や将来を見据えて、家計として貯蓄すべき金額を算定する。これが最低限必要な役員報酬金額</u>となる。

 まずは最低ラインを引く。そのあとにB）ね

「どれくらいの売上があがり、どれくらい経費がかかり、役員報酬を取る前の時点で、どれくらい利益が残るか？」

この見込計算をするのだ。その見込み利益が、役員報酬の原資となる。

そして、その見込み利益から「いくら役員報酬を取るのか」を数パターン考えてみる。もちろんA）の「最低必要役員報酬額」を上回る金額にした上で、行う必要がある。さらにそれぞれの場合で、会社の税金と個人の税金が「トータルでどれくらいの金額になるのか」を比較するのだ。

最終的に、法人・個人の<u>「トータル税額がもっとも小さくなる報酬額」を選択すべき</u>だ。

 理屈はわかった。でも、そのシミュレーションが難しそうなんだけど

顧問税理士がいるのであれば、計算を丸投げすればよいが、独学で行うのはハードルが高いだろう。そんな独学派のために、次項以降でシミュレーション具体例を示した。そちらを参考にして、理論武装していただきたい。

④一番トクするための「役員報酬シミュレーション」

コンスタントに黒字決算の業績を残し、納税をしていると、税務調査が入る確率が高くなる。100％そうだとは言い切れないが、赤字企業よりも黒字企業の方が、調査の頻度は高くなる。今のご時世、税務当局も人手不足。赤字で徴税しにくい会社よりも、指摘事項が多そうな黒字企業をター

ゲットにする方が効率的なのだ。

　中小企業経営者の間でよく噂されているのが、「役員報酬を最大限高額に設定して、決算を赤字にすれば、税務調査は入らない」というものだ。

　結論を先に言うと、事実ではない。たとえ税務調査に入られなかったとしても、様々なデメリットを被(こうむ)ってしまうことになる。

　さて前置きはここまでにして、さっそくシミュレーションに入ろう。

　図5-11のように年商3,000万円、役員報酬以外の経費が2,200万円かかっている会社があるとしよう。この会社の役員報酬控除前の利益は、差引き800万円ということになる。この状態で役員報酬の金額につきA〜Dのように4パターンを設定して、シミュレーションを行った。

A) 役員報酬を一切取らない
B) 役員報酬を年間400万円とする
C) 役員報酬を年間800万円とする
D) 役員報酬を年間1,000万円とする

「それぞれの場合で、会社にかかる法人税等がどのように変わるのか」を示したのが、次ページ図5-12だ。

5-11 役員報酬シミュレーション①（単位：万円）

	A	B	C	D
売上	3,000	3,000	3,000	3,000
経費	2,200	2,200	2,200	2,200
役員報酬	0	400	800	1,000
経費合計	2,200	2,600	3,000	3,200
差引利益	800	400	0	△ 200

	A	B	C	D
売上	3,000	3,000	3,000	3,000
経費	2,200	2,262	2,317	2,328
役員報酬	0	400	800	1,000
差引利益	800	338	△117	△328
法人税等	207	92	7	7

 あれ、B〜Dの経費が2,200万円以上になってるけど？

　理由は、会社負担の社会保険料だ。社会保険料負担額を会社と社長個人で折半して計算しているため、この金額にした。（※ちなみに社会保険料の負担額はそれぞれの年収を12か月で均等割して計算。大阪府大阪市所在の資本金1,000万円の法人の大阪府在住40歳以上の社長、扶養親族等なしと仮定）

　さて法人税だが、800万円と最大の利益が残るAのケースがもっとも税負担が大きくなり、約207万円。

　CとDは、赤字決算となるため、税額は均等割のみの年間7万円。

 なら、赤字決算のCかDが一番いいんじゃない？

　そう安易に考えないでほしい。「個人負担の社会保険料や所得税、住民税の負担がどれくらいになるか」を考慮の上シミュレーションしないと、総合的な税負担がわからない。これを示したものが図5-13だ。「所得税法上の扶養親族等はゼロ」として計算している。太枠で囲った部分が、個人の税負担シミュレーションにあたる。

　この計算によると、当然ながら年収1,000万円と一番高いDのケースが、277万円となり、もっとも税負担が重たくなる。なお、Aのケースのように役員報酬がゼロであれば、厳密には社会保険（健康保険と厚生年金保険）

	A	B	C	D
売上	3,000	3,000	3,000	3,000
経費	2,200	2,262	2,317	2,328
役員報酬	0	400	800	1,000
差引利益	800	338	△ 117	△ 328

ほぼ折半

	A	B	C	D
法人税等	207	92	7	7

	A	B	C	D
社会保険料	23	62	117	128
所得税	0	8	47	85
住民税	0	18	45	64
個人分の税合計	23	88	209	277

	A	B	C	D
税負担トータル	230	180（ベスト）	216	284（ワースト）

に加入できない。そのため、「国民健康保険」と「国民年金」に加入したと仮定の上、会社負担はゼロで、全て個人負担として計算している。

　では、法人と個人の税負担トータルで見た場合はどうか？

　この事例では、Dの年収1,000万円のケースが284万円となり、もっとも税負担が重たくなるのだ。次いでAとCが続く。この利益規模では「役員報酬が年間1,000万円」は、取り過ぎでソンをするのだ。

　Bのように、**法人と個人でほぼ等しく利益を折半するような設定が、税負担がもっとも軽くなった**。ただ、どんな時でも、このやり方の節税効果が高いとは限らない。会社の利益規模や、役員報酬金額によって変わる。ケースバイケースなので、ご注意いただきたい。

 でも、CやDは赤字だから税務調査は来ないのよね

　残念ながら、税務当局にはそんなルールなんてない。さっき言ったのは、「黒字会社をターゲットにしたほうが効率がいい」と言っただけ。「来ない」

なんて、一言も言ってない。むしろ、**多額の経費が損益計算書に計上されていれば目立つし、それが原因となって調査に入られる可能性も十分ある**。

　また、税務当局が狙うのは、法人税の追徴課税だけではない。一般的な税務調査では、法人税のほか、消費税や源泉所得税、印紙税等の調査も行われる。

　税金を多めに払った上、税務調査の可能性は捨てきれない。また、融資審査においても、赤字決算を続ければ、マイナス評価となる。

 いいことなんか何一つないじゃない！

　以上の理由から、「**役員報酬を多めに設定して赤字にすれば、節税効果が大きく、税務調査も来ない**」というのは、"都市伝説"と考えていただきたい。**嘘以外の、何者でもない**。

ひとり社長の役員報酬額
法人税がハネ上がるライン

　オーナー企業社長の年収は、最大でも2,000万円が多い。上限ではないが、上限っぽい数字、それが年収2,000万円のラインだ。

 資本金1,000万円みたいに、意味のある数字なのね

　図5-14を見れば一目瞭然。年収1,800〜2,000万円付近が、ひとり社長が法人・個人合わせたトータル税額で損をしない「役員報酬金額の上限ライン」だ。

　なお、この個人の税負担は、所得控除の額が大きくなるほど下がるので、絶対的な率ではない。また、法人に「多額の黒字が出ていることが前提」

であって、絶対的な基準ではない、ことをご留意いただきたい。

　もし法人の所得金額が800万円未満なら、法人税等の負担率は25％程度となるため、たとえ年収1,000万円でも「役員報酬を取り過ぎ」と言える。法人に置いていたほうが、節税になる。

　年収1,000万円の個人の税負担率は、図の通り27.7％だもんね

　税負担があまりにももったいない、ということであれば会社に内部留保することをオススメする。将来、引退の時に「社長退職金」としてガッツリ取ればいい。社長退職金には、税制上の優遇措置がある。これについては、7章にて解説する。

　こういった税制の仕組を理解した上で、それでも「とにかく個人に財産を残したい」ということであれば、「過大役員報酬」として否認されない範囲で、最大限に役員報酬を取ればいい。あなたの自由だ。ただ、法人のキャッシュが乏しいと、何かあったときに対応手段が減る。倒産ともなったら、役員報酬もクソもないということは、覚えておいていただきたい。

5-14　オーナー社長の年収と個人の税負担率シミュレーション

額面給与 年収	1,000 万円	1,500 万円	1,800 万円	2,000 万円	3,000 万円	5,000 万円	1億円	3億円
社会 保険料	128万	160万	168万	168万	168万	168万	168万	168万
所得税	85万	213万	311万	378万	791万	1,641万	3,938万	13,127 万
住民税	64万	111万	140万	160万	264万	464万	964万	2,964万
税負担等 合計	277万	484万	619万	706万	1,223万	2,273万	5,070万	16,259 万
税負担 率（％）	27.7%	32.3%	34.4%	35.3%	40.8%	45.5%	50.7%	54.2%

※大阪府在住40歳以上として社保を計算。
※扶養家族ゼロとして所得税・住民税を計算。

2,000万円だったら、個人の税負担率は35.3%
ギリギリ、法人税等のMAX負担率35%

― 第5章まとめ ―

I. サラリーマンと自営業の「経費に落ちる」の意味は全くちゃう。サラリーマンは、社内ルールの問題。一方、自営業は、税法上の問題なんや！

II. 「納税」が国民の"義務"であるならば、「節税」は国民の立派な"権利"。でも「脱税」はあかん！ 多額のペナルティーを食らうだけでなく、イメージ低下や信用失墜に伴う売上減少も予想される。商売には何もええことないから、やったらあきまへん！

III. 節税には2種類ある。「お金が残る節税」と「お金がなくなる節税」や！ まずは会社を防衛したり、貯蓄をしながらできるような「お金が残る節税」を優先すべきや！

IV. ビジネス上必要な設備投資があるんやったら、「お金がなくなる節税」を使うのもアリやけど、資金繰りで問題ない範囲で実行しよう。大きな設備投資をする場合、節税効果の高い「特別償却」や「税額控除」を使うのがベストや！

V. 「お金が残る節税」の代表例が役員報酬。「定期同額」かつ「不相当に高額でない」等の要件を満たせば、経費に落とせるで！ ただし、受取る個人には、社会保険料や所得税等がかかる。法人と個人で納める税金のトータルをシミュレーションした上で、役員報酬の金額設定をすることが大事や！

VI. どんなに儲かっていても、社長さんの多くが役員報酬年額を2,000万円に抑えている。それは、高額な税負担が理由だ。税金で損したくないなら、それ以上は給与取らんと、内部留保しとこうや！ 過大役員報酬とされない範囲で最大限に取るのもアリやけど、その分法人のキャッシュが減ることは自覚しときっ！

ひとり社長の節税（実践編①）

本当は教えたくない
税理士が「現場」で使う
厳選手法11

【節税】個人事業VS法人
法人が「TKOレベル」で圧勝

　ビジネスで大した利益も出ておらず、節税の必要はないというのであれば個人事業主という選択肢もありだ。

　しかし、これから解説する節税メリットを「フル活用したい」ということであれば、法人経営を強くオススメする。

　まずは図6-1をご覧いただきたい。冒頭の漫画でも紹介したものだ。「お金が残る節税策」を中心に、個人事業と法人で比較をした。

　個人事業主と法人のいずれが、節税面において有利か？

　結果、一目瞭然。法人の欄は全て○印がついているのに対して、個人事業の方では△や×が目立つ。それだけ、法人が有利なのだ。

6-1 個人事業VS法人/節税策15項目

	個人事業	法人
損失の繰越	○（3年だけ）	○（10年［中小］）
確定債務	○	○
代表者の給与・賞与	×	○（定期同額・事前確定）
代表者の退職金	×	○（不相当に高額でない等）
家族従業員給与	△（専従者給与等）	○（非常勤役員等）
生命保険料	△（所得控除MAX12万円）	○（節税効果減少）
決算変更	×	○（届出のみでカンタンに可）
小規模企業共済	△（副業賃貸は×）	○（中小のみ）
出張旅費日当	×	○（妥当な金額等条件有）
社宅家賃	×	○（要件有）
確定拠出年金	○（iDeco=所得控除）	○（企業型401K）
倒産防止共済	○	○（大企業は不可）
接待交際費	○（事業関連性厳格に問われる）	○（中小年800万円等）
減価償却	○（原則定額・強制償却）	○（原則定率・任意償却）
損益の通算	△（ルール複雑）	○

ボクシングならタオルが舞う、TKOレベルの圧勝。次節以降で個々の節税策について、解説する。

①「赤字の繰越期間」 法人は個人の3倍

　まずは、1つ目の「損失の繰越」。

　これは2章で触れた通り、個人事業主でも法人でも使える「青色申告」の特典の1つ。

　<mark>業績不振等により売上よりも経費の方が大きい状態、すなわち「赤字決算」となった場合、この発生した赤字（課税所得のマイナス金額）を、翌期以降に繰越して、翌期以降の利益と相殺する</mark>というもの。

 つまり、「未来の節税」ができるというものね

　その通り。たとえば、設立第1期目で500万円の赤字が出たとしよう。その後、第2期で300万円の利益、第3期で300万円の利益が出た場合、税額計算は次のようになる。（法人住民税均等割は省略）

第1期：△500万円⇒税額ゼロ

第2期：＋300万－繰越損失300万＝0⇒税額ゼロ

第3期：＋300万－繰越損失200万＝100万円⇒税額約25万円

　正式名称は所得税では「純損失の繰越控除」と言い、法人税では「欠損金の繰越控除」と言う。個人も法人も使える共通の制度だが、大きな違いは、その有効期限にある。

個人事業主の場合、3年で使い切れなかった分は失効するのに対し、<u>法人ではこれが10年になる</u>のだ。（大企業では控除金額の制限等あり）

 3倍以上というのは、スゴいわね

7年もの差があるため、圧倒的に法人有利と言える。

赤字決算が出たときしか使えないので、いつでも使える節税策ではない。しかしたとえば、ベンチャー企業のようにスタートアップに時間がかかり、イニシャルコストに大きな赤字が見込まれるような場合、活用できる制度だ。

②まだ払ってなくても経費
　地味に使える「確定債務」

個人事業でも法人でも平等に使える節税策、「確定債務」をご紹介しよう。非常に地味。しかし、特別な手続きもなく、誰でもできる手軽な節税策だ。

5章でもご覧いただいたが、「法人税法第22条第三項」は法人税法を代表する意義ある条文の1つだ。

 「別段の定めがあるものを除きほにゃらら」、というやつね

そう。それの第二号について解説する。再掲しよう。

二　前号に掲げるもののほか、当該事業年度の販売費、一般管理費その他の費用（償却費以外の費用で当該事業年度終了の日までに債務の確定しないものを除く。）の額

第二号では、『「当該事業年度の販売費、一般管理費その他の費用（償却費以外の費用で当該事業年度終了の日までに債務の確定しないものを除く）の額」も損金として計上可能である』と明記されている。

 えっと……説明プリーズ

「販売費、一般管理費」とは、売上原価以外の「固定費」のことを意味する。固定費とは、会社運営をしている限り、「売上金額に関係なく常時発生する経費」のことだ。

　たとえば、給与や地代家賃や通信費等の、ほぼ全ての費用項目が該当する。

　この第二号は、「売上原価以外の固定費」は、債務が確定しているものに限り、「経費計上可能」だ、と解釈することができる。

　（※なお、償却費とは減価償却費のことを意味する。これは「債務が確定しているかどうか」という概念とは、関係のない会計上の費用配分である）

 「債務が確定している」って、どういう状態？　支払いが終わった状態？

　いい質問だね。ポイントは、「実際に支払いが終わってなくても、経費に計上できる」ということ。「債務が確定している」とは、税法上、次の3つを全て満たした状態のことを言う。

---

①事業年度終了の日までにその費用に関する債務が成立していること
②事業年度終了の日までにその債務に基づいて具体的に役務の提供等を受けていること
③事業年度終了の日までに、その金額を合理的に算定することが、可能であること

　たとえば、「事業用車両の修理を依頼する場合」を考えてみよう。

　車両の修繕を発注し、修理会社によって修繕作業が完了し、かつその修理費用金額の見積りが客観的にでき得る状態であれば、これら3つの要件を満たしている。つまり、経費計上が可能となる。

逆に言えば、先の3つの要件を満たしていなければ、たとえ費用の支払いを完了していたとして、1円たりとも経費計上はできない。

 たとえば、取引先の請求書がなく、金額が不明な場合は不可になるのね

具体的な経費計上手続きは、決算申告時の会計における「決算処理作業」にて行うことが多い。代表的なものとして、固定資産税を取り上げてみた。（図6-2）

まず、「固定資産税」とは、不動産や事業用設備を所有している時に課税される地方税を指す。該当資産の評価額に対して、1.4%の税率となっている。不動産であれば「登記簿謄本や実地調査」に基づき、事業用設備であれば「会社からの申告」に基づき、地方自治体によって税額計算される。

そして毎年4月頃、その納税通知書が発送される。市区町村によって多少の違いはあるが、その固定資産税額を毎年5月、7月、12月、翌年2月

6-2 確定債務（固定資産税のケース）

・固定資産税の納付は原則5月・7月・12月・翌年2月の4回払い
・納付した日に経費とすることが原則だが…
・納税通知書が届いた日（通常は4月）に未払計上（経費）可能

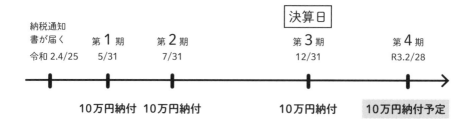

決算日

納税通知書が届く	第1期	第2期		第3期	第4期
令和2.4/25	5/31	7/31		12/31	R3.2/28
	10万円納付	10万円納付		10万円納付	10万円納付予定

決算日時点で第4期分は未払いだが
支払義務が確定しているので10万円につき未払計上可能！

に4分割で納付することになる。

　たとえば12月決算法人の場合、この4回分のうち、すでに支払っているのは「第1～3期の3回分」ということになる。この支払済の30万円は、決算日時点では、すでに経費計上されているだろう。しかし、第4期の10万円も、未払いであったとしても経費計上可能なのだ。

　固定資産税は、自治体から納税通知書が届いた時点で、「債務は確定している」と判断される。「その税額をいつ支払ったのか？」は、一切関係ない。つまり、通知書到達時に全額経費計上可能だ。

　たくさんの機械等の事業用設備を抱える製造業や、多くの不動産を持つ不動産賃貸業等をされている方は、この確定債務を意識するだけで、大きく節税できる場合がある。忘れないでいただきたい。

　以上のように、皆さんも決算時には固定資産税に限らず、このような「債務が確定している経費」がないかどうかをチェックして、どんどん経費計上することをオススメする。債務さえ確定していれば、帳簿上の経理処理だけで節税ができてしまうのだ。

 「利益が出ている時は、どんどん未払い計上せよ」という解釈でいいの？

　その通りだ。この確定債務をコツコツと集計することが、節税につながる。しかし赤字の場合、確定債務を計上しないことは、税務上問題ないものの、厳密には『粉飾』にあたる。業績を、実態より良く見せているからだ。融資審査において、あまり印象がよくないので、オススメしない。

　ちなみに、クレジットカードで決済した経費の集計を、忘れてはいけない。通常カード払いの経費決済は、その約1～2か月以上先に行われることが多く、タイムラグがある。

　しかし、普通はカードを切った際にその金額は確定しており、費用に対応した何らかの役務提供も受けている。よって、**カード決済した時点で、「債務は確定している」**と言える。

　カードで経費を切ることの多い経営者は、計上漏れをして節税のチャンスを逃さないよう、気を付けていただきたい。

③家族で所得分散
一番トクする「役員報酬額」

　5章で紹介した通り、会社から代表者である自分自身に役員報酬を支払えば、節税可能だ。ただし、「定期同額」であること、「不相当に高額でない」こと等の要件を満たすことが必要になる。

　また、役員賞与は原則経費に落ちないということだったが、事前に税務署に届出をして、実行することにより経費化することができる「事前確定届出給与」の特例制度がある。

　一方、個人事業主はこの"代表者の給与"という概念は一切なく、「最終所得＝自分の給与」だ。

 役員報酬とは、法人独自の節税策なのね

　その通り。この役員報酬は、家族がいる人はぜひ活用したいところだ。

 ひとり会社でも、「家族カンパニー」になるイメージね

　家族カンパニーをオススメする理由は、「自分一人に所得を集中させず、数人に所得を分散させれば、所得税の超過累進税率が緩和される」から。

　たとえば、自分一人で役員報酬を年間1,000万円取る（**図6-3**）よりは、二人で500万円ずつ取る方が、所得税の負担は軽くなるのだ。（**図6-4**）

 は〜、それだけで40万円も手取りが増えるのね

　ただし、この場合は、社会保険料が二人分かかる。

 社会保険料は高額で、ほぼ強制なのよね

　そう。負担が非常に重くなるので、シミュレーションをして、もっとも節税できる配分を、実施していただきたい。

6-3　一人で年収1,000万円稼いだ場合

	一人で稼ぐ
額面給与（年）	1,000万円
社会保険料	128万円
所得税	77万円
住民税	61万円
税負担等合計	266万円
手取額	**734万円**

※月給は年収12か月均等割りの833,333円として計算
※大阪府在住の40歳・扶養親族は配偶者1名として計算

所得を二分割するだけで、個人事業主と比べて、税負担等が40万円も減る！

6-4　年収500万円ずつに設定した場合

	自分	配偶者	合計
額面給与（年）	500万円	500万円	1,000万円
社会保険料	75万円	75万円	150万円
所得税	14万円	14万円	28万円
住民税	24万円	24万円	48万円
税負担等合計	113万円	113万円	226万円
手取額	387万円	387万円	**774万円**

※月給は年収12か月均等割りの416,666円として計算
※大阪府在住のいずれも40歳の夫婦。子なし

たとえば、「社長：871万円・配偶者：129万円」と設定した方が、トータルの個人負担はほんの少しだが軽くなる。（**図6-5**）

 なんで、配偶者の社会保険料が0円なの？

　後ほど、「非常勤役員」の節で、社会保険料対策について解説をする。

　とにかく、家族への給与支払いについては、経営への参画や業務の手伝いをしてもらうことが前提となる。しかし、それさえ満たせば、**様々な形態で給与の支払をして、法人税の節税ができる。具体的には下記の3パターン**。安易に経費に落とすと税務調査で否認されたり、思わぬ落とし穴がある。それぞれの注意点について解説をしよう。

---

①一般の従業員
②常勤役員
③非常勤役員

6-5 ③年収871万円と129万円に設定した場合

	自分	配偶者	合計
額面給与（年）	871万円	129万円	1,000万円
社会保険料	119万円	0円	119万円
所得税	52万円	1万円	53万円
住民税	49万円	4万円	53万円
税負担等合計	220万円	5万円	225万円
手取額	651万円	124万円	**775万円**

※月給は年収12か月均等割りの725,833円・107,500円として計算
※大阪府在住のいずれも40歳の夫婦。子なし

配分を考えて、税負担等を
さらに1万円ダウン

①一般の従業員

　一番オーソドックスな方法。家族を従業員として雇用して、給与を支給して節税するもの。しかし、私はあまりオススメしない。

　役員ではなく、一般の従業員扱いであるため、家族と会社間で雇用契約を締結することになる。雇用契約とは、時間の経過に基づいて労働の対価である給与が発生するシステムだ。原則、タイムカードや出勤簿等による管理が必要となる。つまり、家族ではない第三者を雇用するのと同じ手続きが必要となるのだ。これは非常に手間がかかる。

　また、その給与額が世間相場からして大きすぎると税務否認、つまり経費として認められない場合もある。

　さらに、役員登記をしていない一般の家族従業員であったとしても、経営に関与していれば、税務上「役員」とみなされることがある。これを「みなし役員」と言う。

　税法独特の概念であるが、「みなし役員」となると、役員登記をしてなくても、役員扱いの税額計算がされる。

具体的には、どんなデメリットが生じるの?

「賞与支給」に関してだ。「家族従業員」の賞与は経費になるが、「みなし役員」の賞与は、経費否認され、源泉徴収もされてしまう。

　事前届出等すれば、この限りではないものの、明らかなデメリットとなる。

②常勤役員

　家族に給与を出して節税を考えるのであれば、役員登記して役員報酬を支払う方がよい。「家族カンパニー」として二人、またはそれ以上の人数で所得分散ができれば、節税効果は非常に高くなる。(代表者の役員報酬同様、「不相当に高額な報酬」等は経費否認されるので、要注意)

しかし、常勤役員である限り、役員報酬を受け取っていれば、社会保険の加入義務がある。さらに、年収が150万円以上等となれば、所得税等の扶養に入れなくなる。

こうなると、所得税の節税メリット以上に社会保険料の負担増加分が上回ることもある。事業規模等から、そこまで多額の役員報酬を取る必要性がないのであれば、③の「非常勤役員」を検討すべきだ。

③非常勤役員

非常勤役員は、単独で社会保険に加入する義務がない。

家族（社長であるあなた）の扶養に入れるため、社会保険料が一人分で済む。

 非常勤役員は、必ず扶養扱いになるの？

そうではない。中小企業の社会保険上の扶養条件である「年収130万円」以上等の要件を満たすと、扶養から外れてしまう。

しかし、**多額の報酬を取る必要のないケースであれば、社会保険の非加入メリットは大きい**。

非常勤役員となるために、必要な登記手続き等は特別ない。通常の役員登記をすればよい。**常勤の役員と比べて出社日数、経営関与度合いは落ちる分、支給できる役員報酬額も小さくなるのが特徴**だ。

ちなみに、社会保険料のうち、健康保険料は医者にかからなければ完全に掛捨。いくら払っても、リターンはない。

しかし、厚生年金保険料は将来受取る年金の原資として、基本的にはプールされる。

つまり、『常勤役員なら「将来受け取る年金が高くなる」かもしれない、というメリットはある』といえる。

 私は未来のトクより、今トクできそうな非常勤役員の方がいいわ

以上、家族従業員の給与について解説してきた。

家族役員は多いほど、節税できるのよね？

もちろんそうだ。しかし、何度も言うが、**役員としての実態がなければ税務否認されてしまう**ので、ご注意いただきたい。

なお、個人事業の場合も、「青色事業専従者給与」等を使えば、所得分散はできる。しかし、法人以上に制約が多い。やや使いにくいので、3ページ、130ページの15項目の比較では「△」としている。

④「生命保険で節税＝オワコン」説を徹底検証

「節税と言えば生命保険」と言われるくらい、中小企業では生命保険が節税に活用されている。かくいう私も、税理士としてお客様にオススメしてきた。自分でも、数本の法人保険に加入している。

まずは、個人事業主のケースを説明しよう。生命保険料を支払うと、「生命保険料控除」と言う、年間最大12万円の所得控除を受けられる。

しかし仮に、生命保険料控除を最大額の12万円受けられたとしても、所得税額が12万円安くなるわけではない。所得金額が12万円安くなるだけだ。

所得税率や住民税率をかける前の金額が、安くなるだけなのね

一方、法人を契約者とする生命保険の中には、大きな節税効果を持つものがある。

残念ながら2019年の7月に国税当局から規制が入り、生命保険の節税効果は大幅に縮小されることになった。とっておきの節税策を期待されていた皆さんにとっては残念かもしれない。しかし、まだまだ節税をしながら事業に活用できる余地はあるので、解説する。

①従来の生命保険を使った節税策

　ここで言う生命保険とは、「契約者が会社、被保険者（保険の対象となる人）が社長」の前提で、話を進める。

　生命保険には、「定期保険」や「終身保険」、「養老保険」や「医療保険」等の種類がある。

定期保険

「定期保険」とはその名の通り、一定期間のみ保障されるタイプの保険。逆に言うと、「期間内に保険事故が起こらなければ、完全掛捨て」となる。経費になるため、節税はできるものの、会社からお金はなくなる。

終身保険

　次に「終身保険」。こちらは定期保険と違い、「一生涯にわたって、保障が付いている」保険だ。そのため、保険料は定期保険と比較すると、割高になる。こちらは経費にならないが、保障に加えて貯蓄機能がある。会社の資産として計上されるわけだ。

 え〜、つまり税金がかかるわけでしょ？

　そう言って敬遠する人も多いが、生命保険本来の機能は「保障」。つまり、自分の身に何か起こったときに、会社や家族が少しでも困らないためにある。また、資産が増えるということは、財務体質としては強くなる。

 保障面・財務体質面の2点から、終身保険はオススメということね

長期平準定期保険や逓増定期保険による、退職金貯蓄スキーム

中小企業経営者の間でもっとも流行っていたのは、長期平準定期保険や逓増定期保険と言った、定期保険の中でも特殊タイプのものだ。

生命保険各社が発売し、よく売れていたのが、これらの生命保険を活用した退職金貯蓄スキームだ。（図6-6）

なぜこれらが流行ったのかと言うと、節税機能・貯蓄機能・保障機能の全てが備わっていたからだ。

ⅰ 保険加入で節税

まずは節税。これらのタイプは、毎期支払う保険料の全額（または一部）が経費になるから、当然節税できる。

ⅱ 保険解約で貯蓄していたと同等の効果

次に貯蓄機能。ミソは、「解約返戻金」が高めに設定されていること。「解約返戻金」とは、生命保険を「解約した時に戻ってくるお金」のことを言う。

6-6 生命保険を活用した役員退職金スキーム

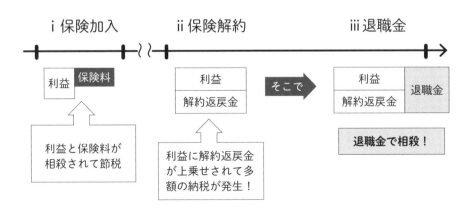

解約返戻率（支払った保険料に対する、解約返戻金の戻り率）が、ピークとなるあたりで解約をする。この場合、100%に近いような驚異的な返戻率を誇るものもある。解約すれば、お金が戻ってくるので、これは実質貯蓄に近い。驚くことに、加入時から解約時までのトータルの節税額まで考慮に入れると、実質「返戻率が100%を超えるもの」すらあったのだ。

 でも、お金が入ると、課税されちゃうんじゃないの？

　鋭い！　解約返戻金の全額または一部は、雑収入等として法人税の課税対象となる。ここで課税されてしまっては、せっかくの節税効果も半減してしまう。

iii 解約返戻金を退職金にあてて、節税フィニッシュ
　そこで、返戻金は、「社長に退職金として支給」するわけだ。退職金なら、経費計上して雑収入等と相殺することができるからだ。
　もちろん、社長個人が受取る退職金にも税金はかかるが、優遇措置があり、税負担は非常に低くなる。（7章参照）会社を経由させる形で、「解約返戻金を、社長個人の退職金」として、移転させることができるわけだ。
　注意点はある。役員退任と保険解約のタイミングを合わなければ、余計な税負担が発生してしまう点だ。

 つまり、このプランは出口が大事なのね

　その通り。解約タイミングが大切になるのだが、うまくいけば、節税をしながら、退職金を積み立てることができるのだ。

　さらにもう一点補足をしておく。
「生命保険で節税ができる」と何度もお伝えしたが、厳密には「課税の繰延」に過ぎない。生命保険に加入してから解約時までの間、法人税の一部を繰延しているだけなのだ。

そっか、返戻金に税金はかかっちゃうんだもんね

　ただしこのスキームでは、解約返戻金に対する課税が退職金によってほぼ打ち消されることになる。(「免税」になっているわけではないが)

　以上、「節税」「保障」「貯蓄」と3拍子揃った商品なんてなかなかないので、重宝されているのだ。いや正確には、重宝されて「いた」、だ。

②なぜ、「生命保険はまだ利用価値が高い」と言えるのか?

　2019年の4月11日、国税庁から今後の生命保険の税務処理について方針発表があった。

　結論から言うと、長期平準定期保険や逓増定期保険の節税メリットが、ほぼ抑制されることになったのだ。具体的には図6-7のように、その解約返戻率の割合に応じて、経費に落とせない割合が、細かく規制されることになった。

6-7　生命保険に関する税制改正（契約日2019年7月8日以降の契約）

最高解約返戻率	経費計上割合	資産計上期間
50％以下	100％	-
50％超70％以下	60％	保険期間の40/100
70％超85％以下	40％	保険期間の40/100
85％超	1 −（最高解約返戻率×9割）	当初10年間

※定期保険・第三分野の保険で保険期間が3年以上のもの
　法人税法基本通達9-3-5,9-3-5の2

表のとおり、「解約返戻率50％超70％以下」であれば、そのうちの6割が経費となる。しかし、「返戻率85％超」となると、1～2割程度しか経費に落とせなくなってしまったのだ。

 返戻率を立てれば、経費計上割合が立たず…

 経費計上割合を立てれば、返戻率が立たず、というわけさ

しかし実は、例外もある。「解約返戻率50％超70％以下」で、「会社の被保険者一人当たりの年換算保険料相当額の合計額が、30万円以下」等の少額プランであれば、「全額経費計上」が可能なのだ。

また、この解約返戻率には配当金を含まない。つまり、配当金の還元次第で、おトクな部分は増えるということ。

以前ほどの節税インパクトはなくなったものの、まだまだ有力な商品は残っている。

養老保険は活用余地アリ

なお、ひとり会社ではなく、従業員が数名いる会社であれば、**図6-8**のような養老保険を活用するのもアリだ。

養老保険とは、「満期になるまでの間、保障があるタイプの保険」であり、4つの特徴がある。①役員・従業員の福利厚生目的の保険だ。②保険事故が発生すれば、遺族に死亡保険金が下り、さらに、③保険事故がないまま満期が到来しても、会社に満期保険金が下りる、というスグレモノだ。

保険料はやや割高になるが、④支払保険料のうち、1/2が経費に落ちるので、節税効果も高い。

ただし、基本的に社内の全員加入が必須条件。一部の役員だけが対象の場合、税務リスクが発生する。役員報酬や役員賞与として経費否認されたり、源泉徴収対象となったり、所得税等の追徴課税が発生する可能性が高くなるので、要注意だ。

① 被保険者：役員・従業員
② 死亡保険金受取人：遺族
③ 満期保険金受取人：会社
④ 税務処理
　½：資産　½：支払保険料

> ※一部の役員等だけが対象の場合は
> 税務リスクあるため要注意！

保険本来の機能は、保障

　最後になるが、税理士の中には仲介手数料目的で、さして意味のない生命保険を推奨し、ガツガツ売ろうとする者もいる。

 え〜、そんな仕組もあるの。人間不信になるわね

　一方で、生命保険反対派もいる。彼らは「税制改正で、保険はオワコンになった」などと言う。

　仲介手数料目的に保険を売る税理士は論外として、「加入しても意味がない」という意見も極端だ。

　なぜなら、生命保険の本来の機能は、「保障」。社長である自分が、突然死ぬ可能性もゼロではない。そんなときでも死亡保険に入っていれば、保険金が会社の返済原資になったり、残された家族の生活費になったりする。このような「万が一の備え」が、保険の第一の機能である。

　それがわかっていれば、「以前より節税メリットがなくなった」からと言って、嘆く必要はない。少しばかりの節税メリットを享受した上で、保障を受けながら、貯蓄をするのは、やはりオススメだ。

 了解。生命保険は、「保障が先、節税は後」と考えるべきなのね

⑤イザという時に一度だけ？ 「決算変更」の使い時

　4章にて解説したが、個人事業主と異なり、法人は決算日を自由に決めることが可能だ。そして、その決算日の変更も時間やコストをかけることなく、比較的自由にできる。

えと…どういう時に使うんだったっけ？

　たとえば数か月先に、多額の売上・利益が見込まれるような「大規模案件」が決まり、節税対策ができなさそうな時だ。

　決算を前倒しすれば、その大規模案件を「翌期の売上・利益」に計上することが可能だ。翌期に画期的な節税対策ができなければ、結局納税額は同じになる。しかし、次の決算までのタイムラグを作ることにより、少しでも節税できる可能性が高まる、というわけだ。

　ただし、節税ありきの決算日変更は「租税回避行為」とも捉えられるため、あまりオススメできない。税務署に理由を聞かれても、経営的答えを返せるようにしておきたい。

　つまり、何度も何度も決算日を変更するのは、自然な経済活動とは言えないということだ。イザという時の「一度しか使えない節税策」であると、肝に銘じておこう。

私の場合、大規模案件が来るような会社にすることが第一ね

⑥iDecoよりもおトク？ 「小規模企業共済」のススメ

①小規模企業共済をオススメする理由

　法人税ではなく、個人の所得税等の節税策だが、私が一番オススメしたい節税策が、「小規模企業共済」だ。なぜ私がこれをオススメするのかと言うと、「節税機能・貯蓄機能・貸付機能」という3つの機能に加えて、安全性を備えているから。

　一言で言えば、「個人事業主や中小企業経営者向けの、退職金積立制度」である。政府系の独立行政法人である「中小企業基盤整備機構」が運営しているため、国が極度の財政難にならない限り、安全性が高いと言える。

　加入要件は業種によって様々だが、5〜20人以下の中小企業役員や、個人事業主等であれば問題なく加入できる。当然、ひとり会社も問題ない。ただし、副業の個人大家業は対象外だ。

 サラリーマン大家は、入れないってことね

　掛金月額は、最低1,000円から最大で7万円。千円単位で増減可能だ。以前は、業績悪化等特定の事情がない限り、減額は厳しかったが、現在は緩やかになった。

　「来年分の前納一括払い」も可能であり、節税効果を大きくできる。

 今期の大幅黒字が見込めるときに、使えそうね

節税効果シミュレーション

　所得税・住民税の節税効果については、**図6-9**を参照いただきたい。

 所得400万円くらい、掛金月額3万円でも10万円以上節税できるのね

　さらに、**運用期間中の運用益は非課税**となる。（予定利回りは現在1%前後）

　解約時は収入となり課税されるのだが、一括で受取った場合は退職所得。分割で受取れば、年金として雑所得扱いとなる。いずれも税負担が緩和されており、**出口で重い税負担もない**。

　満期はなく、廃業や死亡、65歳以上で180か月以上払込みがある時に解約となる。任意解約も可能であるが、払込期間が20年未満なら元本割れするので、ご注意いただきたい。

　さらに、経営者には嬉しい「**貸付機能**」もある。

 え、銀行みたいにお金も貸してくれるの？

6-9 小規模企業共済の節税効果

※所得税・住民税を合わせた節税効果の概算額

所得税率	掛金月額1万円	掛金月額3万円	掛金月額5万円	掛金月額7万円
10% ※課税所得195〜330万円	24,000円	72,000円	120,000円	168,000円
20% ※課税所得330〜695万円	36,000円	108,000円	180,000円	252,000円
23% ※課税所得695〜900万円	39,600円	118,800円	198,000円	277,200円
33% ※課税所得900〜1,800万円	51,600円	154,800円	258,000円	361,200円

金利1.5％の期限一括返済だが、一括返済してすぐに再度借りる、というのも可能だ。

ひとり社長は、サラリーマンのように「長く勤めれば退職金が支給され、老後が保障される」ということはなく、全てが自己責任。上手に活用しておきたい。

なお、政府が推進しているiDecoと比較をしたものが図**6-10**となる。今までの復習も兼ねて、参照していただきたい。

②役員報酬と組合わせて、法人税・所得税等をダブル節税

この小規模企業共済は、「所得控除」と言われる制度のうちの1つに数えられる。積み立てたお金全額が控除対象となるため、役員報酬と組み合わせると、節税効果が大きい。

たとえば年に一度の報酬改定の際、役員報酬を月額7万円引上げたとし

6-10 iDeco VS 小規模企業共済

	メリット	デメリット
iDeco	1. 支払時節税効果あり 2. 運用益非課税 3. 出口課税低税率 4. スイッチング可 5. 高い予定利率	1. 維持にコストがかかる 2. 60歳まで引出し不可 3. 掛金変更年一回のみ 4. 地雷商品あり 5. 儲かる保証なし 6. 特別法人税復活の可能性
小規模 企業共済	1. 支払時節税効果あり 2. 出口課税低税率 3. 予定利率1％。低リスク 4. 貸付機能あり 5. 掛金変更や解約可能	1. 65歳以上でも15年以上掛金を納付しないと受給権なし 2. 20年以内の任意解約ならば元本割れする

よう。役員報酬は経費になるため、法人税は減らすことができる。

　一方で、個人所得は増えるため、所得税や住民税の負担は増えてしまうことが問題だった。

　でもここで、この役員報酬として個人に入ってきた7万円全額を、小規模企業共済に充てるとどうなるだろうか？

 わ！　7万円の控除が適用されるから、個人の税金は増えない！

　正解。つまり、法人税を減らしつつ、所得税・住民税を抑えられるため、ダブルで節税効果が生まれるのだ。上限の月額7万円で役員報酬を組み合わせた場合、図6-11の通り、年間最大84万円の経費と所得控除による節税効果が生まれる。

　なお、社会保険料だけは負担増となる点、会社の利益を考えず掛金と役員報酬を高く設定すると後で支払いが苦しくなる点、以上2点に注意だ。

 は〜い。調子に乗って節税し過ぎないよう、注意するわ

6-11 役員報酬との組合せ

組み合わせることで年間最大84万円の控除と節税

個人は小規模企業共済の
掛金負担⇔所得控除＝負担増なし

法人は掛金分の
役員給与増額＝経費増（節税）

☆個人が共済金を受け取るときも税制優遇あり

① 共済金を一括で受け取る場合：退職所得
② 共済金を分割して受け取る場合：公的年金等に係る雑所得

⑦地味な「出張旅費日当」は それでも最強です

　出張が多い人にオススメしたいのが、出張旅費日当の活用だ。非常に地味だが、生命保険による対策等よりも効果は、大きい。ある意味「真の節税」であると、私は考えている。

　出張旅費日当とは、業務上の出張をした場合、交通費実費とは別に日当を支給するというもの。この日当は法人税上、経費となるため節税が可能なのだ。国内出張であれば、消費税の「仕入税額控除」が受けられるため、消費税の節税にもなる。

　驚くべきは、この日当が社長個人の所得税や住民税、社会保険料の課税対象とならない点。ここが役員報酬と、大きく異なる。

　つまり、法人税や消費税の節税をしながら、個人にお金を非課税でソックリ移転させることができるのだ。

　もちろん、これはひとり社長でも問題なく使える。

　ただし、これには要件があるので気を付けていただきたい。下記2点を満たしていなければ、最悪、個人の給与として課税されてしまうリスクがある。

> ①出張旅費規程を備えて、日当の金額を明記
> ②日当金額が、世間相場からして不当に高額でない

　まず①の出張旅費規程だが、これは大そうなものではない。ネット上にテンプレートがたくさん落ちている。たとえば、「出張の距離等によっていくらの日当が支給されるのか」等を取り決めておき、それに基づいて毎月精算をすればよい。

ひとり社長でも、役職ごとの設定をしておけばいい。この旅費規程がないと、全面否認される可能性が高くなる。税務調査は、書面の証拠書類をもっとも大事にするからだ。

　そして、よく質問されるのが、②の金額設定だ。税法に「いくらまでが妥当な金額で、いくら以上が高すぎる」のか、規定されていないのだから、タチが悪い。

　もしあなたが税務調査官と揉めたくないというのであれば、<u>安全ラインは「社長の国内旅費日当5,000円程度」</u>と決めておくのが良いだろう。

　これが10,000円〜15,000円でも問題なかった事例もあるが、それはあなたの業種や会社規模による。ちなみに海外出張であれば、日当20,000〜30,000円でも可能な場合もある。

　なぜ、その金額なのか？

　この点について、他社の規定等の計算根拠を備えておき、慎重に検討していただきたいと思う。

　出張が多いひとり社長なら、役員報酬を少し下げて、個人の税負担を緩和してもよい。個人のキャッシュは、日当手当として入ってくるからだ。

　出張旅費日当は、地味だがそれだけ価値のある、真の節税策。特に強くオススメしたい。

 個人旅行も、「出張」にしちゃえば、超オイシイんじゃない？

 それは「カラ出張」と言ってね。脱税だよ……

　ひとり社長のみなさんは、安易にカラ出張などしないように。カラ出張は、重加算税の課税もありうる立派な脱税行為だ。

　税務署員は不正を見つけるプロ。税務調査において、出張旅費は必ずチェックされる項目であることを、忘れないでいただきたい。

⑧生活費の経費化
　自宅・賃貸の「社宅化」作戦

①社宅家賃活用による節税の仕組

　社宅家賃を活用した節税も、出張旅費日当と並んで"真の節税策"としてオススメしたい。ある意味、「生活費の一部の経費化」。「家賃」や「住宅ローン」の返済（金利部分のみ）を経費に落とすのは、節税効果が大きい。

 生活費を経費に落とすなんて、脱税なんじゃない？

　全然違う。要件を満たしていれば、一点の曇りもない「節税」だ。
「社宅」を活用して、節税する手順は下記のようになる。

---

①会社名義で賃貸借契約を締結するor物件を購入する

②会社が家賃やローンの支払いをする

③賃貸の場合、家賃は経費算入。自己所有の場合、ローン返済元本は
　経費とならないが、ローンの金利等は経費算入できる。また、建物
　の減価償却費や固定資産税も経費計上できるため、節税が可能

④一定金額の家賃を役員報酬から徴収する

⑤元々の役員報酬金額を減らせば社会保険料や所得税、住民税の負担
　を削減することが可能となる

---

　①の通り、「会社が賃貸借契約を締結するか、あるいは物件の所有をするか？」大きく分けて、2つのパターンがある。
「会社で家賃を支払えば、節税ができる」という、安易なものではない。
　もし、社長個人名義で賃貸契約を結んだ場合、この節税策は一切使えない。
　上記の中で、特に重要なのが④だ。後述する一定の金額を、「役員報酬

から徴収」しなくてはならないのだ。家賃等の全額を会社が負担した場合、もしくは徴収額がその一定額に満たない場合、残念ながら「給与」として扱われる。

 つまり、所得税等が課税されることになるのね

その通り。ではここで、「どれくらいの節税効果があるのか？」は、**図6-12**をご覧いただきたい。まずは、個人で住居を賃借している①のケース。「月給60万円の役員報酬を取るひとり社長」と仮定しよう。

毎月役員報酬から社会保険料が約89,000円、源泉所得税が約31,000円徴収される。その税引き後の手取額から毎月家賃10万円を支払うため、手取り金額は約38万円となる。（住民税は省略）

一方、これを会社と大家さんとの間の賃貸借契約として、社宅扱いに変更したケース②はどうか？　まず、役員報酬を5万円減額して月給55万円

6-12 社宅活用による節税効果（大阪府・40歳独身）

	①個人で賃借	②会社で賃借
役員報酬（月）	60万円	55万円
社会保険料	8.9万円	8.4万円
所得税	3.1万円	2.4万円
税負担等合計	**12万円**	**10.8万円**
家賃（月）	10万円	5万円
手取り	38万円	39.2万円
節税効果	―	月1.2万円！

年間14.4万円！

とする。そこから、（一定の算式に基づいて計算した）家賃相当額5万円を控除する。

 「家賃相当額5万円を控除」って、どういう意味？

　後ほど解説するが、会社は社宅の入居者である社長等から「一定の家賃相当額」を徴収しなければならない。これが全くなかったり、あるいは税法で決められた金額を下回る場合、給与として結局源泉徴収されるのだ。

　家賃相当額を支払った後の金額は、50万円。①の家賃支払後の額面給与金額と何ら変わりがない。

　しかし、社会保険料と所得税が、それぞれ約84,000円、約24,000円に減額となるため、手取り金額は約39.2万円となる。

 月で約12,000円、年額約144,000円も個人の税負担が減るのね

　加えてここでは、住民税徴収は1年遅れとなるため計算を省略したが、個人所得が減った分、住民税も節税されていることになる。

　個人の社会保険料は法人も負担しているので、法人の税負担も軽くなっている。

 個人と法人の両方を節税できるのね

　法人の自己所有物件となると、さらに節税効果は大きくなる。建物部分の減価償却費や物件の固定資産税、ローンの金利部分等は経費化できるのだ。

　加えて、建物部分の消費税については、仕入税額控除の適用が可能になる場合もある。

 ふーん、消費税の節税もできるのね

　自宅を購入する気があれば、会社名義で行うと節税効果が高い、ということだ。ただし、水道光熱費等いわゆる「家計費」を経費に落とすと、「給与」として扱われてしまう。所得税や住民税の負担が増えるので、注意が必要。

それでもオイシイわね。会社名義で社宅購入したくなっちゃった

　バラ色になるのは、まだ早い。社宅購入の最大のデメリットは、住宅ローンが組めないことだ。低金利で優遇された住宅ローンは、あくまで個人向けの制度だからだ。

 え〜、じゃあキャッシュで購入しないといけないの？

　そうではない。**法人で、事業用融資を受ければいいの**だ。と言っても、「キャッシュで購入」より、現実味はあるものの、ハードルが高い。これがネックとなり、法人所有は好まれない傾向にある。

　以下、「住宅自社所有」のポイントをまとめた。住宅ローンの問題をクリアできるなら、必ず頭に入れておきたい。

・建物部分の減価償却費が計上できる
・建物部分の消費税も控除できる（一定の金額制限あり）
・社長から家賃を徴収するが、世間相場に比べ少額になりやすい
・徴収家賃は雑収入となるが、「減価償却費－雑収入」分の節税可能
・ただし、住宅ローンは組めなくなる

---

②給与から徴収する家賃 "賃借料相当額" の計算法

　では、最後に役員報酬から徴収すべき「賃貸料相当額」について解説しよう。賃貸料相当額とは、時価相場よりやや緩和された家賃を意味する。まずは社宅を次のように3つに区分する。

---

①小規模な住宅（「法定耐用年数が30年以下の建物の場合、床面積が
　132㎡以下である住宅」、「法定耐用年数が30年を超える建物の場
　合、床面積が99㎡以下である住宅」等の条件あり）
②一般の住宅。①と③以外の住宅

> ③豪華社宅（床面積が240㎡を超えるもの等で、取得価額、支払賃貸
> 料の額、内外装の状況等各種の要素を総合勘案して判定）

③は、賃貸料相当額という概念がない。その物件の「世間相場通りの家賃と同額」を、役員報酬から徴収する必要があるのだ。

一方、①の小規模社宅、②の一般の住宅の場合、世間相場通りではなく、「賃貸料相当額」を徴収すればよい。

 どう計算すればいいの？

いずれも月額として、次の通りになる。

小規模な住宅（役員・社員）

★abcの合計

a　（その年度の建物の固定資産税の課税標準額）×0.2％

b　12円×｛その建物の総床面積（㎡）／3.3（㎡）｝

c　（その年度の敷地の固定資産税の課税標準額）×0.22％

※社員の場合、賃貸料相当額の50％以上を受け取っていれば、実際の家賃との差額は給与として計算されない。

※上記の計算式は、自社所有も賃貸物件も同じ。

一般の住宅（役員）

①自社所有の場合

★ab合計の1/12

a　（その年度の建物の固定資産税の課税標準額）×12％（※）

b　（その年度の敷地の固定資産税の課税標準額）×6％

※法定耐用年数が30年を超える建物の場合は10％

②賃貸物件の場合

会社が家主に支払う家賃の50％の金額と、上記①で算出した賃貸料相当額とのいずれか多い金額

いずれもその物件の固定資産税の計算のベースである"課税標準額"等を用いた算式であり、非常に複雑だ。

 ゲロ難しそうね。見た瞬間、諦めたわ

　特に賃貸物件の場合、その物件の所有者でない限り、固定資産税の課税標準額等を知ることは難しい。したがって、「実際の支払家賃の50％」を徴収する例が、実務上多いのだ。

 あ、やっぱりみんな「めんどくさっ！」って思うんだ。ホッ

　しかし、固定資産税の課税標準額から、賃貸料相当額を計算した場合、実際の家賃相場の「10～20％程度」になることが多い。50％負担との乖離は、非常に大きい。損になることが多いため、安易に「実家賃の50％」とすることは、避けていただきたい。

 賃貸料相当額は少ない方がいいの？　多い方がいいんじゃないの？

　違う違う。少ない方がいいんだよ。なぜなら、「賃貸料相当額」は、会社が個人の役員報酬から徴収するもの。賃貸料相当額が減ると、その分、法人の賃料相当額の負担は増える。でも、法人は経費に計上できるから、節税できる。これが今までの流れさ。

　さて、話を課税標準額に戻そう。実は、その物件の所有者でない借主であっても、「固定資産課税台帳の閲覧」等の制度を活用すれば、借りている社宅の「固定資産税の課税標準額」を知ることができるのだ。この場合、借主であることを証明する必要があり、市区町村に賃貸借契約書を持参して、証明することになる。

 う～ん、計算した方がトクするってんなら、やるっきゃないわね

　以上、前項の出張旅費日当と同様、社宅の活用も真の節税と言えるものだ。ご活用いただければと思う。

⑨iDecoの法人版 「企業型401K」を使い倒す

　節税策として、まだあまり知られていないのがいわゆる「企業型401K」だ。「iDeco」の法人版と言えばわかりやすいだろう。企業型の確定拠出年金のことだ。ちなみに「iDeco」の名称の由来は、個人型確定拠出年金の英語表記・individual-type Defined Contribution pension planの頭文字の一部から構成される。

　「individual」は「個人の」という意味。つまり、「i」には、「自分で運用する（年金)」という意味が込められている。

　確定拠出年金とは、運用金融商品を自ら選択し、「リスク込み」で、退職貯蓄をするという制度だ。これと真逆のものが公的年金。一定条件を満たせば、給付が約束されていることから、確定給付年金と呼ばれる。

　この両者の違いを図6-13にまとめた。

6-13 確定拠出年金の特徴

	個人型（iDeco）	企業型401K
加入	任意加入	会社が退職金制度として導入している場合
掛金	自分が負担	会社が負担（上乗せ可）
	23,000円、68,000円等	27,500円、55,000円等
納付方法	自分の口座から	会社から納付
運用商品	契約した金融機関が用意している商品から	会社が用意してくれている商品から
口座管理料	自分が負担	会社負担のケースが多い

仮にサラリーマンとして勤務する人の場合、その勤務先が企業型401K
を導入していれば非常にありがたい。会社が掛金を負担してくれたり、維
持に関するコストも負ってくれる等、メリットが大きいのだ。

　一方、ひとり社長に焦点を当てると、メリットとなるのは掛金の上限額
だろう。個人事業主としてiDecoに加入している場合、月額の掛金は最大
68,000円とかなり高め。個人事業主は、厚生年金等に入れない。その分、
手厚くしている、というわけだ。

 一般サラリーマンがiDecoに加入する場合、上限金額はいくらなの？

　それは、勤務先の企業年金制度の有無等によって異なる。勤務先に企業
年金が一切ない会社員の場合、掛金の月額上限は23,000円となる。ひと
り社長がiDecoに加入する場合も、同様に月額上限は23,000円となる。

　ところが、**ひとり社長がiDecoではなく企業型401Kを活用すれば、
月額上限は55,000円。年間で660,000円もの経費計上が、可能**にな
るのだ。401Kはひとり会社でも加入可能であり、たとえ従業員を雇用し
ている会社であっても、全員加入の必要はない。

 上限MAXなら、iDecoの2倍以上の節税効果を得られるわけね〜

　運用期間中の運用益は非課税であり、最終的にその運用益は退職金とい
う形で個人に帰属する。原則は60歳で受給権を取得して、年金または一
時金で受取る。受取時も雑所得や退職所得扱いとなり、小規模企業共済同
様に税制優遇があるのだ。（**図6-14**）なお、2020年度の税制改正により、
70歳までの掛金拠出が可能となった。

 実際には、どれくらい節税効果があるの？

　図6-15は、年収1,266万円のひとり社長の役員報酬を、66万円（55,000
円×12ヵ月）削ったケース。その分、会社の経費（福利厚生費）として
401Kに充当し、役員報酬を1200万円とした場合の税額比較だ。

　これによると社会保険料、所得税、住民税トータルで年間約28万円の

6-14 税制上の優遇措置

拠出・積立時

・所得税が非課税
・住民税が非課税
・社会保険料も対象外
・もちろん法人の経費に
・医療法人の理事も可能

運用時

・運用益は非課税

受給時

・一時金は退職所得
・年金は雑所得

6-15 税効果について (大阪府・40歳独身のケース)

	役員報酬から支払	確定拠出年金で支払
役員報酬(年)	1,266万円	1,200万円
確定拠出年金掛金(年)※	0円	66万円
社会保険料	147万円	139万円
所得税	141万円	127万円
住民税	89万円	83万円
税負担等合計	377万円	349万円
税効果	―	約28万円!

※会社が負担(複利厚生費等)

税負担減となり、非常に効果が大きい。1,266万円の役員報酬を取って、個人的に投資をするより、法人経由の確定拠出年金として投資するだけで、大きな節税効果が得られるのだ。

 個人投資で年間28万円の利益を上げるのは大変よね

しかしながらiDeco同様、デメリットもあるので気を付けたい。

・社内で企業年金制度を組成する手間や費用
・維持し続けるための費用
・一度加入すると止められない
・経済状況次第で元本割れもありうる

以上、慎重に検討すべきことが多々ある。

また社会保険料が削減できるということは、厚生年金保険料負担も減り、将来受取る年金も減少する可能性がある、ということ。

リスクを避けるべくローリスク・ローリターンでいいのであれば、ムリに投資信託等を選択する必要はない。

安全な定期預金を選択する等、加入の際は、ぜひ慎重にご検討いただきたい。

⑩会社を守りつつ、貯蓄＆節税「倒産防止共済」

①倒産防止共済とは？

　"お金が残る節税策"として、オススメしているのが「中小企業倒産防止共済」、通称「経営セーフティ共済」だ。（**図6-16**）小規模企業共済を運営している「独立行政法人・中小企業基盤整備機構」が運営している。

 この共済掛金を支払うと、何が受けられるの？

　取引先が倒産した場合、掛金総額の10倍までの金額融資（上限金額8,000万円）を、無担保・無保証・無利子で受けられるのだ。経営セーフティ共済と呼ばれるように、中小企業の連鎖倒産を防ぐための制度。

　本来の目的はイザという時の会社防衛なのだが、なぜか積立てた掛金が損金算入、つまり経費に落ちるのだ。掛金の支払いを40か月以上継続す

6-16 経営セーフティ共済（中小企業倒産防止共済）

> 取引先が倒産した場合に、掛金総額の10倍までの金額の融資を無担保・無保証・無利子で受けられる共済制度（最大8,000万円）

・月額5,000円〜20万円の範囲で選べる（変更可。積立上限800万円）

・**掛金は全額経費となる**

・40か月以上掛金を支払うと、解約の際に掛金の100%が戻ってくる

・前納制度を使い1年分まとめて経費算入が可能

・解約返戻金の範囲内で貸付機能有（1年一括返済・金利0.9%）

れば、解約時に100%返金される。ようは、会社防衛をしながら、貯蓄
をしつつ、節税効果も得られるというスグレモノなのだ。

 節税もできる「法人の生命保険」みたいなものね

②最大限に節税するためには、出口戦略から逆算

　掛金月額は5,000円～最大200,000円まで。金額変更はいつでも可
能、かつ「1年分を一括前払する前納」も可能だ。トータルでの積立上限
金額が800万円となっているため、あまり多額の節税ができないのがネッ
クといえばネック。一方で、積立金額が800万円に達したら簿外資産（会
計上帳簿に記載されない資産）のような形でプールしておき、いつ解約し
ても良い。

　ただし、解約手当金は雑収入として課税されるので、出口戦略が大事だ。

 そこも生命保険と似ているわね

　その通り。生命保険の節税が、実際は“課税の繰延”に過ぎないのと同
様、この共済節税も繰延に過ぎない点に注意。

　理想の活用方法は、利益が出ているうちは掛金を支払って節税＆貯蓄。
もし業績が悪化して、大幅な赤字決算となるような時があれば、そのタイ
ミングで解約することだ。こうすれば、その赤字と解約手当金が相殺され
ることになり、出口で課税されることはなくなる。つまり、毎月経費に計
上して、節税した分はトクすることになる。

　業績が落ち着いたら、再度加入してイチから積み立てを再開すればよい。
業績変動の激しい建設業や製造業で、このような活用事例が、私の身近で
も多い。一方、業績変動が激しくない事業、たとえば不動産賃貸業でも、「大
規模修繕」のタイミングで解約し、資金化するのは有効な活用方法だ。

　また、倒産防止共済は、加入期間中に資金繰りが厳しくなった時も有効。
解約手当金の範囲内で、融資を受けられるためだ。金利は0.9%と非常に

低いものの、一年一括返済なのでご注意を。

　なお、加入要件があるので、念のため気を付けておきたい。といっても、一定規模以下の中小企業で加入可能であり、ひとり会社であればほぼ問題なく加入できる。ただし、設立初年度の事業所は通常、加入できない。「設立後一年経過」してから使える節税対策、と考えておいた方がよいだろう。

③「必要書類」がないと全額否認も

　加入初年度に、もし節税メリットを最大限に活用したいのであれば、毎月、月額上限の200,000円の掛金を支払い、決算時点にて一括年払いで2,400,000円を支払うことをオススメする。なお、この支払掛金を経費に落とすためには、「法人税申告書の別表10（6）」というものを添付する必要がある（**図6-17**）。

6-17　法人税申告書の別表10（6）

こちらは国税庁のサイトで入手可能だが、普通は税理士事務所が活用している申告書作成ソフトにもテンプレートがあるはず。

ただし、税理士でもまれにこの別表を知らない人がいる。これがないと、厳密には経費計上を認められない。注意してほしい。

以上のように、月払いに年払いを組合わせることにより、節税メリットは最大化できる。

通常の経費項目は、その年度に対応した金額部分までしか経費に落ちない。しかし、倒産防止共済掛金は特殊な経費項目であり、たとえ次年度分の一括年払いだとしても、あくまで支払った金額が全額経費となるのだ。

さらに、生命保険と異なり大きなメリットとなるのが、いつでも掛金の変更が可能であるということ。掛金を最小の5,000円まで減らせば、年間支払い総額もわずか60,000円まで下がる。

 掛金を経営状況に合わせて、増減しやすいのはいいわね〜

もちろん資金繰りを考えつつやるべきだが、非常に融通の利く、オススメの節税対策だ。

④融資時は実質「無利子ではない」

一番気を付けておくべき所は、得意先倒産時。

そもそもこの共済の目的は、中小企業の連鎖倒産を防ぐためのものだ。得意先倒産時は、金融機関での融資よりもスピーディーに、共済金の借入が受けられる。その際"無利子"であることが強調されているのだが、残念ながらそんなに甘くはない。

借入れ後は、共済金の借入額の10分の1に相当する額が、すでに払い込んだ掛金累計額から控除されてしまうのだ。

えっ！　MAX8,000万円を借りたら、800万円が吹っ飛ぶということ？

その通り。**実質"有利子"である**ことを覚えておいてほしい。

 借りた時点で金利10%が発生するようなもんじゃない。怖いわね〜

⑤知らない人が多い、とっておきの経理処理とは？

　もう１つマニアックな話をしよう。それは、倒産防止共済掛金の支払時における、経理処理の話だ。多くの会計事務所では、「保険料」等として、PL（損益計算書）上の経費処理をするのが一般的。

　だが、金融機関の融資審査を重視したい場合、これを「保険積立金」等として、BS（貸借対照表）上の資産計上処理をオススメする。

 ん？　経費処理を止めるということ？

　そういうことではなく、「法人税申告書の別表４」という書類上で減算処理、つまり損金処理をすれば、きちんと節税できるのだ。

　かつ、財務体質も向上して、金融機関の評価も高くなる。これが理想の経理処理。導入していただければと思う。

 …とにかくPLではなくBSで減算処理ってのをすればいいのね。OK！

 お、おう…（あんまわかってないっぽいけど、まあいいか……）

⑪「飲み代」や「食事代」を
できるだけ経費に落とす裏技

　次に、「お金がなくなる節税」のうち、特に読者が強い関心を持っているものについて解説する。よく聞かれる「飲み代」や「食事代」の税務上の取扱いについてだ。あえて本章で取り上げる理由は、法人と個人事業で微妙な取扱いの差があるから。

　これらは経費に落とせるのだろうか？ 結論から言うと、飲食費については、そのごく一部しか経費計上できない。法人の場合、飲み食いすれば何でもかんでも経費に落ちる、というのは誤解だ。

　税務上、飲食費を分類すると次の5種類に区分される。

> ①自分一人の飲食代
> ②従業員の福利厚生目的の飲食代
> ③会議・打合せ時の飲食代
> ④取引先の接待等の際の飲食代
> ⑤YouTube等動画企画目的の飲食代

　実はこれらの区分によって、法人税法上の取扱いは全く異なる。経理上も区分して、処理することが望ましい。1つずつ解説しよう。

①自分一人

　社長個人の飲食代は、残念ながらアウトだ。基本的には「プライベートなもの」として、二重課税の対象となる。つまり、「役員賞与扱い」されることもあるので要注意だ。

 カフェで、ノートパソコンを使って仕事をした場合はどうなの？

これについては、ケースバイケース。

たとえば自宅にWiFi等の通信設備がなかったら、経費となる可能性は高い。もし通信設備があったとしても速度が遅い等、「どうしても外部のカフェを使用せざるを得ない」という理由があれば、経費計上できる可能性は高まる。

②従業員の福利厚生目的

社内のイベントや慰労会等であれば、「福利厚生費」として経費計上が可能となる。

それ以外の食事提供は、基本的には「現物給与」として、「所得税の源泉徴収」の対象となるので注意が必要だ。

例外として、下記の要件2つを満たしていれば課税されない。（仮に皆さんが従業員を雇用していたとしても、該当するケースは少ないと思うが）

・食事価額の半額以上を従業員が自己負担
・食事価額－自己負担額が1ヶ月につき税抜3,500円以下

結論としてはひとり社長であれば、一人で慰労会をして、福利厚生費として経費計上するというのは難しい、ということだ。

 一人慰労会……なんか言葉だけ聞いても、寂しそうだしねw

将来、あなたが会社拡大をして社員雇用する時までとっておこう。

③会議・打合せ時の飲食代

取引先とカフェ等で打ち合わせした際の費用は、事業関連費用となる。当然ながら、経費計上が可能だ。ただし、税務調査対策として、その証拠を残すようにしておいてほしい。

たとえば領収書やレシートに、「どこの会社の誰と打ち合わせをして、何を相談したのか？　何を取り決めたのか？」等を、記載しておくことだ。会議の議事録があれば、なお良いだろう。

④取引先の接待等

　こちらは税務上、「接待交際費」となる。一定の経費計上枠（中小企業であれば、年間ざっくり800万円）で、経費計上が可能だ。接待交際費も、その証拠をきっちり残す必要がある。「どこの会社の、誰と食事をしたのか？」等を、領収書やレシートに記載しておくべきだ。

　接待交際費は、地味な節税豆知識を知っておいてほしい。実は、一人当たり5,000円以下の飲食費であれば、その証拠書類を残すことによって、「交際費枠」から除外することが可能だ。つまり③の会議費のようなイメージで経費計上できる。そのためには、経理上も科目を分けて区分経理しておくべきだ。日ごろから、コツコツ努力を積み上げることが大切なのだ。

　知識不足が理由で、会議費も福利厚生費も、食事代なら何でもかんでも「接待交際費」として処理する会社もまれにある。

　接待交際費の限度枠に満たないのであれば問題ないだろうが、限度超過して一部の交際費が経費否認されるのであれば、区分経理することをオススメする。

 ひとり会社なら限度枠にはいかない気がするけど、了解！

　接待交際費に似たものとして、友人・知人との私的交際費、つまり完全プライベートな飲み代がある。当然ながらこれらは経費否認されるので、ご注意いただきたい。

 でも、友人であり、仕事仲間という場合もあるでしょ？

　そういう場合、飲みながら仕事の相談もするだろうし、経費性はあると言える。事実に基づいて、経費処理をすればOKだ。大事なのは、「事実

<u>関係を説明できる</u>」ように、準備しておくことだ。

ちなみに、個人事業主と比較しても接待交際費の経費計上は、圧倒的に法人有利。

 そうなの？　個人事業に接待交際費の枠はない、って聞いたけど

枠がないのと、無制限であることは違う。だからこそ個人事業主は、法人以上に、「交際費の経費性」を厳しく見られる。

たとえば、個人の不動産大家業等であれば、その飲食相手の範囲は非常に狭い。大家さんにとっての得意先は、基本的に物件の入居者だけだ。接待交際費もその入居者との飲食でなければ、否認されてしまうケースも多い。新たな物件を探すために不動産会社の営業マンと飲食した分についてさえ、経費として認めてもらうのが難しいくらいだ。

 え〜、それは厳しいわね〜

個人事業主が、経費性の枠を広げたいのであれば、法人を作り定款の事業目的に不動産以外のビジネスを記載して、実際にそのビジネスに着手しつつ、業務や業務関係者の幅を広げておくのが得策だ。

⑤YouTube等の動画企画

これは最新のトピックとなるだろう。私もその一人ではあるが、ここ数年いわゆる「YouTuber」として稼いでいる人が増えている。

YouTuberと言われる人達は、YouTubeに独自で制作した動画をアップロードして、その再生回数等に応じた広告料を、親会社であるGoogleから受取るのだ。中には、年商数億円以上稼ぐ猛者（もさ）もいる。

さて、YouTuberの間でよく噂されるのが、「動画にアップすれば、何でも経費に落ちる」というもの。

この噂を信じて、たくさん買物して、動画でアップして、経費計上をもくろむ人も多いだろう。

ところが税務というものは、そんなに甘くはない。

たとえば、「ブランドの腕時計や財布を動画で紹介しさえすれば、経費に落ちる」なんてことが、まかり通るはずがない。

動画で紹介したとしても、それが資産として形に残るのであれば、最悪の場合、「役員賞与」として否認されてしまうだろう。

 じゃあ、どういう場合なら経費計上できるの？

必ず経費になるケースとしては、たとえばプレゼント企画として、視聴者にプレゼントする場合だろう。

話が逸れたが、飲食代に話を戻そう。

「YouTubeの飲食代」は、新しい事例であるため調査事例も少ない。そのため個人的な見解とはなるが、動画でアップした飲食代を経費に落とすための要件は、「その飲食が、動画企画の目玉になっているかどうか？」であると考える。

たとえば「どこかのお店の有名なメニュー」や、「珍しい食べ物」を、動画の企画として紹介するのであれば、経費性は高いと考える。

しかし、それが動画の主たる企画ではなく、単なる食事風景を撮るためであったり、あるいは単に自分の食欲を満たすためだったりすれば、経費否認されてもおかしくないだろう。

大事なのは動画の企画書等を作成しておき、「その飲食は、企画と密接に関係している」という、客観的な証拠を残しておくことだ。

以上が飲食代の税務上の取扱いだ。お金の支出を伴う節税であるが、どうせ発生するような飲食代であれば、節税効果も得られるようにしたい。さしあたって、一人で食事に行くのではなく、外注先と二人以上で食事に行くよう心がけたりするのは、いかがであろうか？　④の通り、この場合、経費性が認められる可能性は高い。

 なるほど。ちょい裏技っぽいけど、仕事の話はするだろうしね

― 第6章まとめ ―

I. 利益が出ていて節税が必要ならば、個人事業より法人が有利。これは節税策15項目比較の表を見たら一目瞭然や！

II. 赤字が出たら個人事業主は来年以降3年間繰越できるけど、法人ならば中小企業は10年間となる。青色申告してることが大前提やけど、めっちゃ有利なんやで！

III. 税金の計算をする時の経費計上は、「支払ったかどうか？」ではない。債務が確定していれば、未払でも経費計上は可能。これは個人事業でも、法人でも同じや！

IV. ひとり会社のひとり社長でも、会社から自分の給与（役員報酬）を取って節税が可能や。また、家族を役員にすれば、さらなる所得分散が見込め、節税効果も大きくなる。特に、「非常勤役員」は、社会保険の加入義務がないので、ごっつオススメや！　ただし、個人の給与にかかる社会保険や所得税、住民税の負担には要注意。

V. 生命保険は、税制改正により、節税的には以前の魅力がなくなってしもた。しかし、「ほな、用なしやな」と思うのは極端。なぜなら、本来の機能は、イザという時の保障や貯蓄。保障を受けつつ、将来の社長退職金の原資を確保するには、今でもオススメの方法やで！

VI. イザと言う時は、決算の変更も可能。意外に手間やコストもかからへん。でも、頻繁にやるのはあかん。税務調査をナメたらアカンで〜！

VII. 自営業者の退職金原資貯蓄の王道は、小規模企業共済。これは個人事業主だけやのうて、中小企業経営者も入れる！　個人税金の節税をしながら、コツコツ退職金貯蓄をするべしや。利回りは 1% 程度やけど、安全性高いし、ごっつオススメやで！

VIII. 出張が多いひとり会社は、出張旅費規程を作って、出張旅費日当を取って節税すべしや！　会社の経費となるけど、社長個人に税金はかからへん。日当金額が世間相場からして高すぎると否認されてまうけど、真の節税としてめっちゃオススメや！

IX. 賃貸物件を法人契約にしたり、自宅を法人所有にして社宅扱いにすれば、節税の幅は広がるで！　一定の家賃相当額を、役員報酬から徴収する必要があるけど、これも真の節税としてオススメや！

X. iDeco の法人版である企業型 401K（確定拠出年金）もオススメや！　ひとり会社でも使えるし、従業員も各自加入判断ができる。リスクもあるけど、まだあまり知られていない節税策の 1 つやで。

XI. 会社防衛をしながら、貯蓄して節税するならば、倒産防止共済もオススメ！　お金が残る代表的な節税策や。

XII. 飲み代や食事代は、取引先の接待や会議・打合せ等なら経費に落とせるで！　ただし、これは「お金がなくなる節税」。使い過ぎは禁物や！

ひとり社長の節税（実践編②）

事業拡大時と
社長退職金の税金のツボ

ひとり社長が事業拡大するなら「業務委託＝正社員の外注化」

ひとり会社を立上げて軌道に乗り、数々の節税策も実践してきた。

ビジネスは順調に進んでおり、ようやく1つの局面へと差し掛かった。

 …というと？

自分一人の力では、キャパオーバー！ このままひとり社長の路線を貫くか、従業員の雇用をして拡大路線に進むべきか？ 本章では、事業拡大を目指した場合の節税策について解説をする。

 う〜ん、雇用か。なんか「重い」わね…

それは昔ながらの「正社員」だけを、想像しているからであろう。

昔であれば建築業界、最近であればクリエイター業界で、よく行われているのが「正社員の外注化」だ。「雇用」と言う形を取らずに外注、つまり「外部の協力先」と言う形をとるのだ。

働き方改革によって、注目を浴びている働き方でもある。法的に言えば、雇用契約を「業務委託契約」に変えることを意味する。こうすることによって下記のような大きなメリットが生まれるのだ。それぞれ、見ていこう。

---

①労働基準法等の雇用リスクの回避

②社会保険料会社負担分の削減

③消費税の節税

④源泉徴収税額の計算がシンプルになる

---

①労働基準法等の雇用リスクの回避

中小企業経営者が人を雇用することによる責任や、労働基準法関連のリ

スクは非常に大きい。従業員を雇用していると、会社側の責任や負担は半端なく大きいものとなるのだ。良い労働環境を整えて、雇用した従業員が最大限のパフォーマンスを発揮してくれれば、「鬼に金棒」だが、その保証はない。

　それどころか、残業代支給や有休休暇の消化等でトラブった時、まるで車と歩行者の事故のように、経営者側の分が悪くなる。このようなリスクも、雇用ではなく、完全外注化すれば、ほぼ回避することができるわけだ。

②社会保険料会社負担分の削減

　会社経営において、税金以上に負担が大きいのが社会保険料。賃金高騰と連動して、今後もますます高くなるだろう。おまけに、税金のような様々な節減策もほとんどない。そんな社保負担が削減されるのは、非常に大きなメリットだ。

③消費税の節税

　給与は消費税の計算上、課税対象外である。一方、業務委託契約等による外注費は原則、「課税仕入」に該当する。つまり、消費税の節税効果があるのだ。今までと支払総額が変わらないのであれば、その分、消費税の節税が可能となり、非常にメリットが大きい。

④源泉徴収税額の計算がシンプルになる

　給与の場合、社会保険料控除後の月給や扶養親族の人数等から、源泉徴収税額表に当てはめて、徴収税額を計算される。しかし、業務委託の場合はもっとシンプル。原則、所得税に復興特別所得税が上乗せされて、10.21%の税率となる。（100万円以上の部分は20.42%）デザイン料や原稿料は源泉徴収対象となるものの、中には徴収不要なものもある。

これだけメリットがあれば、業務委託は流行るわけね〜

　ただし、注意点はある。この「雇用か、業務委託か？」は、税務調査時において、非常に高い確率でマークされる部分なのだ。

　否認されないために大事なことは、表面上の契約ではない。ようはその中身であり、実態だ。<u>業務委託としての実質が備わっていなければ否認され、後で手痛いペナルティーを食らう</u>ことになる。実行は、慎重に進めていただきたい。

　また、もし既存の従業員との契約を、強制的に雇用から業務委託に変更する場合、「強制解雇」とみなされる可能性がある。この点も注意。「雇用契約か、業務委託契約か？」の明確な判断基準はない。とはいえ、実質で判断する際の目安があるので、**図7-1**を参考にしてほしい。

　書面上の契約より、実質で判断される、ということはお話した通り。

　たとえば、会社Aが業務委託契約をBさんと締結したとしよう。

　それでも、Bさんに業務遂行のための拒否権がなく、会社Aの専属状態に近く、時間や場所まで拘束され、「会社Aの監督下に置かれている」よ

7-1 雇用契約と業務委託契約の違い

	雇用契約	委任契約
業務遂行の拒否権	無	有
その会社への専属性	有	無
業務の指揮監督度合い	強	弱
勤務場所の指定	有	無
勤務時間の拘束	有	無
報酬の算定根拠	時間につきいくら	案件につきいくら

うな状況であれば、「業務委託契約とは言えない」となるのだ。

　また、業務委託契約であれば、「完全月給制は根本的におかしい」という点も覚えておこう。雇用契約による給与金額は、時間の経過に伴う労働対価として計算される。一方、業務委託契約は一般的に、「1つの案件ごとに取り決め」されることが多い。案件ごと、または毎月ごとに、請求書を受け取り、それに基づいて支払するのが自然だろう。

　以上のように、業務委託契約は、「実態」を備えておくのが大事だ。税理士として、調査現場で否認された事例をたくさん見てきた。今後の会社経営には「理想の業務形態」であることに変わりないが、実行するなら準備を整えよう。

「社長の退職金」を節税しながら MAXに貯蓄する3大要点

　ひとり社長は、サラリーマンのように「自動的に退職金がもらえる」ほど甘くない。自分で、貯蓄等を進めていかなくてはならないのだ。

　本節では、社長退職金の原資確保について、一番メリットのある "節税しながら貯蓄する方法" についてご紹介する。

　社長の退職金を考える際に大事なことは、以下の3つ。それぞれ解説しよう。

---

①いかにして「貯蓄」するか？

②いくらまでなら「経費」になるのか？

③「受け取り時の税金」は、どうなるのか？

---

①いかにして「貯蓄」するか？

「退職金をいくら支払うか？」については自分次第だ。税務上の限界はあるものの、「稼げば稼ぐほど選択肢は広くなる」と考えればいい。

　さて、「貯蓄する方法」は、何がオススメか？

　すでに解説したものを含め、「社長退職金原資」を確保する方法を列挙する。

●**生命保険**

●**小規模企業共済**

●**倒産防止共済**

●iDecoや企業型401K

●その他投資等

　（NISAを含む株式投資、FX等の金融商品や不動産投資、太陽光投資）

　中でも上の3つが、オススメの定番商品となる。私も、この3つは全て取組んでいる。事業が軌道に乗ったら、加入するようにしたい。

　まず生命保険は節税効果が薄くなったとはいえ、一番優先したいところ。理由は、基本的に年齢が若ければ若いほど、保険料が安くなるよう設定されているからだ。

　次にオススメの加入順序としては、小規模企業共済。

　その後、倒産防止共済も併用したい。繰り返しとなるが、これは連鎖倒産防止が第一の目的。退職金原資にするのは、そもそもの利用目的は異なるが、それでも貯蓄しながら節税することができる。もし何も問題なく退職時期を迎えられたら、満額まで積立てた800万円を解約して、生命保険同様に退職金原資とすればよいのだ。

　さらに余裕のある人は、iDecoや401K、その他の投資に取組むのもありだ。政府がiDeco同様に推奨しているものとして、「NISA」や「つみ

たてNISA」もある。

NISA口座を開設して投資信託の売買をすると、（一定限度額の範囲内で）その収益の分配金や売買益に対して、税金が免除されるというもの。

節税というより投資の意味合いが強いが、資産形成には役立つものだ。

なお、投資全般に言えることだが、ノーリスクではないということを忘れないでほしい。

また、必要以上にお金をつぎ込み、大事な退職金原資を溶かしてしまわないようにしていただきたい。**図7-2**で、iDecoとつみたてNISAのメリット・デメリットを比較した。参考にしていただきたい。

なお、項目にある「地雷商品」とは、「手数料が高く、運用益を出しにくい商品」のことを指す。

②いくらまでなら「経費」になるのか？

社長の退職金だからと言って、「いくらでも際限なく取っていい」というわけではない。税務上、「限度額的なもの」があるので、ご注意いただきたい。

7-2 iDeco VS つみたてNISA

	メリット	デメリット
iDeco	1. 支払時に節税効果あり 2. 運用益非課税 3. 出口課税が低税率 4. スイッチング可 5. 高い予定利率	1. 維持にコストがかかる 2. 60歳まで引出し不可 3. 掛金変更年一回のみ 4. 地雷商品あり 5. 儲かる保証なし 6. 特別法人税復活の可能性
つみたてNISA	1. 運用益非課税×20年 2. 引出し可能 3. 地雷商品が少ない	1. 年間40万円の上限あり 2. スイッチング不可 3. 儲かる保証なし

具体的には、株主総会で決議をして、その決議に基づいて支給をすれば、その確定年度の経費となる。実際の、支払年度の経費とすることも可能だ。

　金額については法人税法上、明確に規定されているわけではない。「不相当に高額な部分の金額は、否認される」という旨だけが明記されている。

　　　　そうはいっても、だいたいの目安を知りたいとこね

　実務上の金額算定目安を、ご紹介する。参考にしていただきたい。

> 適正な役員退職金の一般的な算式＝
> 最終の役員報酬月額×在籍年数×功績倍率

　「経費に落とせる役員退職金の適正額」は、役員としての「退任直前の報酬月額」をベースに算定する。まずは、これに在籍年数をかけることになる。皆さんが創業者であれば、会社設立からの年数になる。

 最後の功績倍率って何？

　これは、社長、副社長、専務、常務、取締役等の役位によって異なる。税法で明確に定められているわけではないが、代表取締役社長であれば、3倍くらいが妥当とされている。

　他、専務2.4、常務2.2、取締役1.8、監査役1.6倍が相場だ。（昭和56年11月18日、東京高裁判決より）

　あとはこの算式等を明記した「役員退職金規程」を書面で残し、その通りに支給すればいい。

　ただ、勘違いしないでほしいのは、「この算式に沿って計算すれば、どれだけ高額になろうが経費に落とせる」、というわけではない、ということ。

 あくまで「実務上の目安」ということね

　その通り。繰り返すが、法人税法においては、「不相当に高額な部分の金額は、否認される」としか明記されていない。あなたが、この算式に沿っ

て正しく計算したとしよう。それでも、「同じ税務当局管轄内の、同業種同規模法人の役員退職金の相場」から見て、あまりに高い場合、否認されることになるのだ。最近では、「代表取締役の功績倍率1.06倍が妥当」とされた事例すらある。慎重に、金額決定をしたいところだ。

 でもさ、逆に言えば、算式にそこまでこだわる必要もないということ？

その通り！　たとえば、算式の「最終の役員報酬月額」を「在任期間中の最高報酬月額」と置き換えることも可能だ。

最終的には、“相場から見て、不相当に高額かどうか？”が一番重要。引退後の老後生活をイメージして、「どれくらいの資金が必要か？」を早期に計算しておき、生命保険や小規模企業共済等をフル活用して、貯蓄に励もう。

③「受け取り時の税金」は、どうなるのか？

以上、この2つを気を付けておけば、法人税は節税できそうだ。

では、個人の税金はどうなるのだろうか？

社長退職金については、社会保険料はかからないものの、所得税や住民税等の課税対象となる。

しかし、前述の通り退職金については優遇措置があるため、税負担はそれほど重たくはならない。安心してほしい。

退職金の税額計算方法は、具体的には187ページの図7-3のようになる。退職金の受取方法には、一括で受取る方法と、年金として分割で受取る方法があり、これは小規模企業共済やiDecoも同様だ。

一括で受取る場合、所得税の計算において「退職所得扱い」となる。

 また数式か〜…なんか難しそうね

いや、これは「賃料相当額」ほどは難しくない。やってみれば、何てことないレベルだ。

繰り返すが、退職金というものは、「長年の勤務成果」であることから、税負担が重くならないよう、様々な措置が講じられている。そのことを実感してほしい。まず、①の一括受取の場合を説明しよう。

 上の数式部分ね

勤務年数1年あたり、40万円（20年超の部分は、1年あたり70万円）の「退職所得控除」がある。「退職金額面」から、その「退職所得控除額」を差引いた後の残額に、1/2を乗じてから、税率を掛ける。

 「15〜55%」ということは、おなじみの超過累進税率ね

その通り。この式では、他の所得と合算せず、退職所得単独で税額を計算する。これを「分離課税」という。こうすることにより、適用される超過累進税率が、低くなりやすいのだ。

 分離課税ってかなりの優遇よね〜

一方、年金で受取る場合はどうか？ こちらは雑所得となる。総合課税として他の所得と合算されるし、1/2適用もない。

しかしながら、公的年金等控除額と言って、多額の控除が受けられるのだ。

 下の表部分ね。高齢で公的年金の額が大きいほど、控除額は大きくなる

以上のように、一括受取でも分割受取でも、何らかの税制優遇があるので、節税しながら老後資金の確保を進めていただきたいと思う。

 私は「一括受取」を選ぶ気がするわ

実際、そうする人は多い。ただし、一括受取の場合に注意点がある。iDeco等の複数の退職所得が発生する場合、間隔をあまり空けずに受給すると、退職所得控除額が減少してしまう点だ。

① 一括受取の場合 → 退職所得（分離）

（退職金額面 − 退職所得控除額）× $\frac{1}{2}$ × 税率（15 〜 55%）

1. 退職所得控除：勤務 1 年につき 40 万円。20 年超の期間は 70 万円。
2. 税率をかける前に 1/2 をかける。
3. 他の所得と合算の必要なく税率が低くなりやすい。（分離課税）

② 年金で受取る場合 → 公的年金等に係る雑所得（総合）

（年金収入 − 公的年金等控除額）× 税率（15 〜 55%）

・公的年金等控除額の金額がやや大きめに設定。

	公的年金等の収入金額	公的年金等控除額
65歳以上	330万円以下	120万円（収入金額限度）
	330万円超 410万円以下	収入金額 × 25% + 37.5万円
	410万円超 770万円以下	収入金額 × 15% + 78.5万円
	770万円超	収入金額 × 5% + 155.5万円
65歳未満	130万円以下	70万円（収入金額限度）
	130万円超 410万円以下	収入金額 × 25% + 37.5万円
	410万円超 770万円以下	収入金額 × 15% + 78.5万円
	770万円超	収入金額 × 5% + 155.5万円

了解。私はまず、複数の退職金を受け取れるくらい稼がないとね

1,000万円以上の差が出た
退職金シミュレーション

　さて、最後に具体的シミュレーション事例として、給与と退職金それぞれで3,000万円取った場合と1億円取った場合の比較計算をした。**図7-4**をご覧いただきたい。

　役員報酬として年収3,000万円取った場合、税負担率は約40.8%だが、退職金で同額受取った場合、5.7%にまで下がる。

 えっ！　そんなに下がるの！

　さらに、年収1億円の役員報酬の場合、税負担率は約50.7%と非常に高率だった。しかし、退職金で受取った場合、18.9%まで下がる。いかに退職金が優遇されているか、おわかりいただけたかと思う。

　なお、退職金受給の際は「退職所得の受給に関する申告書」という書類に記載の上、社内保管しておくことが必須となる。この書類の保管がなければ、退職金額面に対して一律約20%の課税となる。非常に負担が重くなってしまうので、ご注意いただきたい。

 了解。耐火金庫に入れておくわw

　ちなみに、自分ではなく「親族外の従業員等の退職金原資」を積み立てたい場合、「中小企業退職金共済」や「特定退職金共済」というものがオススメだ。支払金額が全て経費に落ちるので、節税効果もある。

7-4 給与と退職金の税負担比較

額面金額	給与 3,000万円	退職金 3,000万円	給与 1億円	退職金 1億円
社会保険料	168万	なし	168万	なし
所得税	791万	100万	3,938万	1,463万
住民税	264万	71万	964万	426万
税負担等合計	1,223万	171万	5,070万	1,889万
税負担率（％）	40.8%	5.7%	50.7%	18.9%

※大阪在住60歳以上扶養家族ゼロとして社保・所得税・住民税を計算。
※勤続年数は30年として退職所得を計算。
※退職所得の受給に関する申告書の提出がなければ退職金は約20％課税。

　残念ながら、役員は一切使えない。これらの制度のデメリットは、原則全員加入の必要がある点。

　加えて、退職金が会社を通さず直接従業員に支給される点だ。つまり、仮に従業員が懲戒解雇等になった場合も、支払われてしまうのだ。

 懲戒した社員に、退職金を払うのは悔しいわね…

　以上、ひとり会社を卒業して事業拡大を目指すのであればこのような福利厚生の充実は必須。

　一方で、デメリットにも考慮しながら、加入するよう検討していただきたい。

― 第7章まとめ ―

Ⅰ. 経営者たる者は税務だけじゃなくて、労務についてもある程度詳しくなっといた方がええで！「働き方改革」の時代、雇用するよりも外部協力者として、「業務委託契約」を結んだ方が、労務リスクは減る。さらに、消費税節税等の節税面からも、オススメ。でも実態無かったら否認されるので、要注意や！

Ⅱ. 社長としての自分の退職金原資は、生命保険や小規模企業共済等を使って、節税しながら貯蓄するのが、めっちゃオススメ。ただし税務上、落とせる金額の限度があるから、その限度額を超えてしまわんよう、計画的に積立てるようにしいや！

節税のその先へ
キャッシュを最大化する
意外な結論

「ものスゴい節税策」の正体
なんだ「エンドレス繰延」やん

　最終章である本章では、「節税をしながらも、強い会社づくりをすること」をテーマに、非常に重要なことを解説したいと思う。

　本書では、ひとり会社でも使えるような数々の節税策について、ご紹介してきた。しかし、節税にも限界はある。起業当初は有効な節税策が多々存在するのは事実。一方で、事業が軌道に乗って成長して安定してくると、その節税策をほぼ全て使い尽くす場合もある。利益金額が数千万円となると、節税についてはもはや手の打ちようない水準だ。

　では、もうこれ以上の"ものスゴい節税策"はないのか？

　結論を言うと、ないことはない。ただし、本書でご紹介したどの節税策よりも非常にリスクが高いため、専門家としてはあまりオススメできない。

 たとえば、どんな方法があるの？

　旅客機のオペレーティングリース、足場レンタル、コインランドリー投資、ドローンのレンタル、海外不動産投資等だ。節税に詳しい方はどこかで聞いたり、勧誘を受けたりしたことがあるかもしれない。

　いずれの節税策も、流れは非常によく似ている。多額の投資を行い、それを減価償却費等で経費化し、しばらくの間は大きく節税をし続ける。

　その後、投資したビジネスから収益が発生し、少しずつ投資資金を回収、最終的には、そのビジネスを売却して利益を得る、という流れだ。

 でもさ…出口では課税されるわけよね

　鋭い！　だから、その出口課税を防ぐため、結局再投資を行わなければならない。つまり、生命保険と同様、これらは"節税"ではなく、"課税の繰延"に過ぎないのだ。しかも、そのエンドレス性は高い。

　もしあなたがこれらの節税策にチャレンジするのであれば、"投資"や"サ

イドビジネス"として取組むべきだ。そうである以上、支出した金額を回収できる、という保証はどこにもない。他にも、運営会社倒産等のリスクもある。

「過度な節税」を繰り返してきた会社の末路

　もちろん、これらをうまくクリアーできたのであれば、節税ができて、利益も生み出されることになる。ただし、最後に節税本らしくないことを言わせていただく。これだけ有効性の高い節税策をたくさん紹介してきてなんだが、ある意味、本書で一番言いたいことかもしれない。それはこれ。

 過度な節税は悪。やめときなはれ！

 おっ！　久々ね、関西弁

　冒頭の漫画で申し上げたように、「納税が国民の義務であるならば、節税は国民の立派な権利」。事業の資金繰りを良くするためにも、節税は必ず行うべきだ。

　しかし、節税にはキャッシュアウトを伴うものも多く、限度がある。強い会社作りをしたいのであれば、その点は理解しておきたい。

　ひとり会社であろうが、上場企業であろうが、経営の目的は"節税"ではない。社会貢献をしながら自己実現をし、利潤を追求すること。

　利益が出るようになったら、節税について考える。何事も優先順位が大事。「黒字化が先。節税は後！」だ。事業で利益を上げなければ、節税なんてしようがない。

会社の財務状態を表す決算書には、「損益計算書」と「貸借対照表」がある。この両者はバラバラに存在するのではなく、密接に結びついている。

　図8-1をご覧いただきたい。「損益計算書」は会社の業績を表す財務諸表だが、売上から費用を引いて利益を算出する。

 利益＝売上－（変動費＋固定費）ね

　この利益から負担すべき法人税等を差し引いたものが、「利益剰余金<ruby>剰余金<rt>じょうよきん</rt></ruby>」として、「貸借対照表」の「自己資本・純資産の部」に積み上げられるのだ。前述の通り、この部分を「内部留保」と言う。

　ひとり会社の場合、株主であるひとり社長が配当金を取ることは、滅多にない。よって基本的に、<u>利益があがればあがるほど、この自己資本はどんどん厚みを増していく</u>ことになる。

　世の中の経営者は、どんなに立派な社長であったとしても、納税に関しては幼稚な考え方をしてしまう人が実に多い。「納税を回避したい」の一念で、たとえば先のようなハイリスクな節税に走ったりする。

 過度な節税をすると、会社の純資産は薄くなるのね

　その通り。節税にしか意識がいかない人も、考えてみて欲しい。たくさんの利益が出たからと言って、その利益以上に税金がかかるわけではない。

　図8-2をご覧いただきたい。ある会社、A社の事例だ。節税等何もしなければ、利益が1,000万円発生しているとしよう。順調に黒字が出ており、経営成績としては非常に喜ばしい。それなのに、ここで多くの経営者は頭を悩ませる。

　税率を35％とすると、A社は法人税等の納税が350万円となる。この350万円があまりにも高すぎる、と悩むわけだ。

　そこで、A社の社長はお金を使って節税しようとした。今は必要でない設備投資も行い、得意先の接待も頑張ってこなしたのだ。

　結果、新たに経費500万円を追加できたため、利益は1,000万－500万＝500万円。税率を同じ35％とすると、納付すべき法人税等の額は、175

8-1 PL（損益計算書）とBS（貸借対照表）の関係

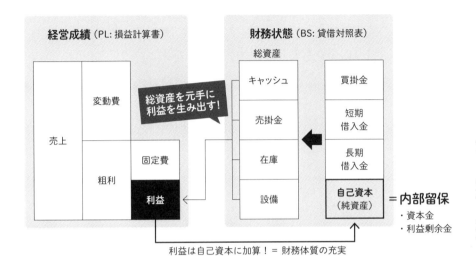

経営成績（PL: 損益計算書）

財務状態（BS: 貸借対照表）

総資産

キャッシュ	買掛金
売掛金	短期借入金
在庫	長期借入金
設備	自己資本（純資産）

総資産を元手に利益を生み出す！

＝内部留保
・資本金
・利益剰余金

利益は自己資本に加算！＝財務体質の充実

8-2 節税の弊害。A社のケース

過度な節税を実施すると・・・・

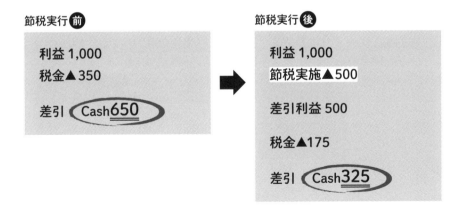

節税実行**前**

利益 1,000
税金▲350

差引 Cash650

節税実行**後**

利益 1,000
節税実施▲500

差引利益 500

税金▲175

差引 Cash325

万円まで削減することに成功。当初納税予定額の350万が、半額の175万円まで落とせたのだ。

しかし、ここで注目していただきたいのは、納税後の現金残高。実施前の残高は650万円あったのに、実施後の残高は325万円になっている。

 税額と同様に、キャッシュも半減してしたのね…

一見笑い話のようだが、「節税」と称して「浪費」に走る経営者は、本当に多いのだ。

このように過度な節税をすると、PL（損益計算書）の見栄えが悪くなるし、連動してBS（貸借対照表）の質も悪くなってしまう。一時の過度な節税が、長い目で見ると融資審査に響くようにすらなる。

もちろん節税策が、「お金が残る節税策」であり、貯蓄できるようなものであれば何も問題ない。しかし、「お金がなくなる節税」ばかりをしていると、資金繰りはあっという間に、本当にあっという間に悪化する。

図8-3に、対照的な2社の貸借対照表を示した。

8-3 資産超過と債務超過

債務超過とは **資産＜負債** の状態のこと

資産超過：しっかり内部留保
資産＞負債　純資産がプラス

負債を返しても純資産が残る

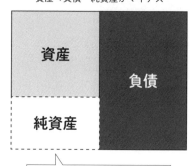

債務超過：留保できてない
資産＜負債　純資産がマイナス

この分だけ負債を返しきれない

左側が健全な資産超過の状態で、右側が不健全な債務超過の状態だ。業績が悪く赤字の状態がずっと続くようであれば、この右側の貸借対照表のように、債務超過の状態に陥ってしまう。

　業績が悪くなくとも過度な節税をずっと続けてきた会社は、債務超過にまではならなかったとしても、純資産の部がいつまでも小さいままだ。

　こうなると、会社の貸借対照表は貧相で脆弱なまま。資金調達時の金利面や、他社と取引する際の与信審査面でも、非常に印象が悪くなる。

　この状態を脱するには、節税ではなく納税を意識することだ。きちんと納税すると、貸借対照表は理想の状態となる。（**図8-4**）BSがいいと、大手金融機関との取引が、好条件でスタートすることもある。

　このように、節税と融資審査での信用力は相反する。永遠にひとり会社のつもりなら、万年赤字でも構わない。一方で、事業拡大を目指すのであれば、どこかの時点で節税に終止符を打とう。そして、きちんと納税をしながら、会社を大きくすることにシフトチェンジしていくことを考えよう。

8-4　理想のＢＳの状態とは

貸借対照表

資金使途 ◀━━━━ 資金の調達源泉

① キャッシュが豊富！

資金使途	資金の調達源泉
キャッシュ	買掛金（仕入先借入）
売掛金（得意先貸付）	短期借入（銀行）
在　庫	長期借入（銀行）
設　備	自己資本

② 自己資本比率が高い！

― 第8章まとめ ―

I. 節税には、限界がある！　確かに、めっちゃお金かけて投資をすれば、めっちゃ節税できることもある。しかし、そんなのは大体ハイリスク・ハイリターン。やるなら節税じゃなくて、投資をする覚悟でやりなはれ！

II. 節税して税金が減っても、キャッシュが減ったら、本末転倒。融資審査での評価も、めっちゃ悪くなる。会社を拡大したいんやったら、ある時点で「節税志向」から「納税志向」にシフトチェンジして、元気で強い会社作りを目指すべきや！

おわりに…売上ゼロでも１年以上しのげる、強い会社になる方法

「コロナショック」の影響が、凄まじい。現時点でも、資金繰りが持たず、会社を閉鎖する所もある。見るに堪えがたい状況だ。

こんな時に強いのは最後に述べた通り、堅実経営をしてきた会社。節税と納税のバランスが良く、財務体質・資金残高ともに充実した会社である。

『納税が国民の義務である以上、節税は国民の立派な権利の１つ』

この前提を理解し、節税に励む一方、

『黒字化や資金繰りの安定化が先！ 節税は後！』

ということもわかっていて、過度な節税は控えた会社だ。

こういう会社は、仮に売上がゼロとなっても、１年以上はしのげる。今のような不測の事態に陥った時に非常に強いのだ。

ぜひ皆さんも、特に「お金が残る節税」を順序よく駆使して、お金を残す一方で、過度な節税にとらわれたりしないよう、気を付けていただきたい。

コロナショックの影響をまともに受けている企業は、「経済産業省」管轄の「各種補助金や給付金」、「厚生労働省」管轄の「雇用に関する助成金」や、「日本政策金融公庫」等の「緊急融資制度」等を活用して、乗り切ってほしい。

本書で「ひとり社長が実践するべき、有効な節税法」のポイントは全てお伝えした。とはいえ、お伝えしたい有益情報は、まだまだたくさんある。『税理士YouTuberチャンネル!! / ヒロ税理士』の他、メルマガ・オンラインサロンも運営しているので、ぜひそれらもご活用いただきたい。

希望的観測だとしても、あえて言う。目指すべくは「アフターコロナ」。この難局を乗り切れば、さらに強い会社になれること間違いない。同じ中小企業の経営者として、ともに頑張りましょう！

2020年４月吉日 「税理士YouTuberヒロ税理士」こと田淵 宏明

YouTube

LINE

メルマガ・オンラインサロンに興味がある方は、LINE QR コードにアクセスいただければ、詳細を提供する。この運営は書店・図書館とは関係ない。また、予告なく終了することもある。ご不明な点は、info @ hiro-tax.com までご連絡いただきたい。

田淵宏明（たぶち・ひろあき）

◎ "ひとり会社" や中小企業の "節税スペシャリスト"。税理士YouTuberヒロ税理士、ヒロ☆総合会計事務所・代表税理士、株式会社ヒロ経営研究所・代表取締役。

◎大阪府立豊中高校を卒業後、関西学院大学経済学部に進学。大学在学中に父親がリストラに遭い、手に職を持つことの有利性を認識、税理士試験の勉強を開始する。

◎ 2000年、大阪市所在・中原会計事務所にて税務申告及び経営コンサルティング業務に携わりつつ、25歳で税理士試験最終5科目合格。

◎ 2002年、世界4大会計事務所「アーンスト・アンド・ヤング」日本法人にて、国際税務コンサルティング業務を担当。外資系企業の税務業務は難解ながらも面白く感じたが、「世の中を支える "ひとり会社" や中小企業の社長をサポートしたい！」という気持ちが強くなり、29歳の時に「ヒロ☆総合会計事務所」を設立。同時に、資格の学校「TAC」の「税理士講座・所得税法」の講師に就任。

◎ 2017年、税金知識に疎いせいでソンをしている「税金弱者」を救うべく、『税理士YouTuberチャンネル!!/ヒロ税理士』を立ち上げる。「日本一わかりやすい税理士」を目指して、専門用語を使わずに話すコンテンツは、多くの "税務初心者" から好評を受け、2020年には、チャンネル登録数10万人を突破。現在は税務財務のみならず、起業や経営についての講演活動にも力を入れている。

◎好きな食べ物はステーキとカレー。無類のコーヒー好きであり、デスクワーク中のコーヒーは欠かせない存在。

にほんいち
日本一わかりやすい ひとり社長の節税
ぜいりし ユーチューバー　　　ほんね　おし
税理士YouTuberが "本音" で教える

2020年 6月 8日　　初版発行
2024年12月17日　　14刷発行

著　者　田　淵　宏　明
発行者　和　田　智　明
発行所　株式会社　ぱる出版

〒160-0011　東京都新宿区若葉1-9-16
03(3353)2835−代表　03(3353)2826−FAX
03(3353)3679−編集
振替　東京 00100-3-131586
印刷・製本　中央精版印刷株式会社

ISBN978-4-8272-1226-6　C0034